U0147780

昌明文庫・悅讀人物

細說春秋戰國風雲人物

宋璐璐　編著

目次

國家興亡主力軍——軍事家

思想理念主宰者——思想家

強國利邦謀略士──政治家

前言

春秋戰國，一個群雄爭霸的時代，中國歷史上最為光輝燦爛的時代之一。春秋戰國，這輾轉曲折的幾百年間，層出不窮地湧現出了無數個英雄，正好印證了那句「江山代有才人出，各領風騷數百年」。

春秋戰國是中國思想發展過程中，最豐富多彩、最燦爛輝煌的一個歷史時期；是中國古代文明的良好的開端；是中國幾千年的歷史長河中絕無僅有的思想自由、言論自由、文化氛圍比較寬鬆的歷史時期；是真正的百家爭鳴、百花齊放的時期。在這個特定的歷史時期，造就了許多偉大的思想家，比如，執著事功的孔孟，清靜無為的老莊等，他們那些精闢的思想理論是中國民族精神源泉不可或缺的一部分，對後來中國的社會政治、文化思想以及經濟生活都產生了深遠的影響。

在當時，整個華夏九州，可謂是群星閃耀。追逐霸主地位的君王，掌控著國家的命運；惹人憐愛的美女，舞動著政治的波瀾；叱吒風雲的將領，影響著國家的安危；教人處世的思想家，主宰著世人的思想理念；強國利邦的政治家，用謀略實現國富兵強。

本書提煉古今史料，節選其精華，生動地描繪了齊桓公、宋襄公、晉文公、秦穆公、楚莊王五位春秋霸主以及越王句踐、趙武靈王、鄭莊公等明智君王勵精圖治、廣納賢才、爭雄天下的雄偉大略；刻畫了西施、夏姬、樊姬、齊姜等絕世美女的不同性格；分析了范蠡、孫武、吳起、孫臏、樂毅等軍事家的滿腹謀略；講述了蘇秦、張儀、晏嬰、虞卿、子產、范雎等政治家的精彩人生。

本書再現了春秋戰國諸侯爭雄的局面，再現了戰國七雄制勝的謀略；再現了諸子百家的思想；再現了縱橫家的才幹……

　　希望廣大讀者在打開我們精心編纂的這本書的時候，能夠把握其精髓，領悟其真諦，從而提高自身的修養與才能。並希望廣大讀者在閱讀本書的同時，能對我們編輯過程中的缺點、不足給予批評、諒解。

編著者 2013年1月

群雄爭霸君王起──帝王

齊桓公姜小白——春秋五霸之首

　　春秋時期，整個中國都處於一片混亂之中，戰爭連綿，戰火不斷。晉國的君主晉獻公是當時的一大霸主，東征西討，兼併別國，勢力逐漸強大。對東方的齊國，晉獻公絲毫沒有戒備之心，直至齊國發生內亂。

　　當時齊國的君主為齊襄公，他淫亂無道，每日飲酒作樂，對朝政全然不理，齊國上下一片狼藉，就是這樣一位昏庸無道的君主，糊裡糊塗被堂弟公孫無知殺死，而公孫無知就順理成章地成為了齊國的國君。一年之後，公孫無知也被齊國人殺害了，齊國君主的寶座就空了下來。國不可一日無君，齊國處於一片混亂之中，爭權奪位的事情接連不斷地發生。

　　就在齊襄公任齊國國君的時候，他的弟弟公子糾和小白就已經預感到了齊國將會面臨一場大浩劫，所以二人早早就有了自己的打算。為了躲避戰亂，公子糾逃到了魯國，跟隨他一起逃亡的還有謀士管仲與召忽，而姜小白也逃到了莒國躲避災難，伴隨他左右的是謀士鮑叔牙，兩個人不問國事，過著休閒自得的生活。

　　公孫無知去世之後，齊國的德高望重的大臣一致推薦說：「國不可一日無君，家不可一日無主，應該將公子小白迎接回國當齊國的國君。」由於姜小白自小就與高傒的關係甚好，因此高傒特別希望姜小白做君主，於是，便派人馬不停蹄千里迢迢去莒國接姜小白。

　　同時，魯國的國君在聽到這個消息之後，也派軍隊護送公子糾回到了齊國，支持公子糾做國君，而且還指派了一支強大的軍隊，命管仲率領著，在從莒國通往齊國的途中，借機殺了姜小白。管仲設下埋伏，持起弓箭就朝姜小白射去，幸運的是姜小白腰帶上的銅扣救了他

一命。姜小白自知難逃此劫，便假裝死去。由於管仲被一時的喜悅沖昏了頭，誤以為姜小白真的死了，於是立即派人將姜小白已經死去的消息傳回魯國。

魯國國君與公子糾聽到這個消息之後非常高興，心想這次總算可以安心了，就再也沒有人爭奪齊國國君的寶座了，於是便逐漸放慢了送公子糾回齊國的行程，一路上遊山玩水，好不悠閒自在。然而當他們六天之後踏進齊國邊境的時候，才得知，原來姜小白已坐上了國君的位子，事情早已成為定局，後悔已經晚了。姜小白擔任齊國的君主，即為齊桓公。

正所謂人不犯我，我不犯人，對於一心想要害死自己的親弟弟，姜小白也不會心慈手軟。姜小白派了一支精銳軍隊前去抵禦護送公子糾的魯國軍隊，繼而大敗魯國軍隊，而且將魯國軍隊的歸路完全截斷了。

與此同時，齊桓公命人將自己的親筆書信交予魯國君主，書信上說：「公子糾是我同胞弟弟，基於多年的兄弟情義，我實在不忍心親自殺死他，那就有勞您替我殺了他吧。至於管仲與召忽二人，他們均是我不共戴天的仇人，請將他們二人護送回齊國，我定要將他們五馬分屍，以消心頭之恨。如若不然，那就不要怪我不客氣，我定會派兵攻打魯國，如果事情搞到這個地步，那麼對魯國和齊國都沒有好處。」魯國國君收到書信之後，害怕極了，立刻派人把公子糾殺掉了。公子糾死後，忠心耿耿的召忽自知命不久矣，與其等到別人動手，倒不如自行了斷，於是自殺為主人殉節了。

魯莊公因為害怕引起戰爭，於是想要將管仲護送回齊國，交予齊桓公處置，而這件事遭到了魯國大臣施伯的強烈反對，他說：「姜小白之所以想要管仲回到齊國，並不是為了殺掉他洩恨。據我所知，姜小白是一個禮賢下士的君主，他之所以會這樣做，是想任用管仲，為

他效力。以管仲的聰明才幹，天下間還沒有人可以與他相抗衡。若是君主放管仲回齊國，日後姜小白得到了管仲的輔佐，來治理齊國，那麼齊國一定會很快富強起來的，到時候對魯國必然會形成強大的威脅。依我看倒不如一了百了，永絕後患，我們殺死管仲，之後將他的屍體護送回去。」

而膽小怕事的魯國國君堅決不依，說道：「姜小白早就料到我們的計劃，現在齊國軍隊已經駐紮在邊境，若是不按照齊國的吩咐做，那麼魯國馬上就會遭到齊國的進攻，所以為了避免一場無謂的戰爭，我們還是按照齊國說的去做吧。」於是魯莊公下令將管仲毫髮無損地送回了齊國。

在鮑叔牙的幫助之下，姜小白順利即位，姜小白想要鮑叔牙擔任宰相一職，鮑叔牙卻婉言拒絕了，因為在鮑叔牙的心裡，管仲才是最適合的人選。所以在魯國軍隊送回管仲之後，齊桓公便立即下旨讓管仲做了齊國的宰相。

鮑叔牙與管仲自小感情就非常好，算得上是生死之交，以前兩人曾搭夥做過一些小生意，每次賺了錢之後，管仲總會給自己多分一點兒，對於這一點，鮑叔牙從來都不說什麼。

後來，管仲說：「小時候，我的家裡非常貧窮，為了生計，與鮑叔牙在一起靠做一點兒小生意來養家糊口，每一次賺錢回來，我總是拿大份兒的，鮑叔牙心知肚明，但是從來都沒有說過我貪心，因為他知道我窮。以前在軍營，我打過三次仗，而這三次我都做了逃兵，鮑叔牙也從來都沒有罵過我，因為他知道我有八十歲的老母要養活。而在公子糾死後，我變成了一名囚犯，鮑叔牙並沒有因此而看不起我，因為他知道我只是暫時的隱忍，將來一定會名揚天下。是父母給了我生命，然而鮑叔牙才是我的知己。」

姜小白做了齊國的國君之後，在管仲的大力幫助之下開始選拔和

任用有才識的人擔任要職，同時精簡苛捐雜稅，減免賦稅，對那些貧窮的百姓進行救濟，姜小白在齊國人心目中的形象越來越高大，成為了百姓擁護的對象。

之後，姜小白出兵征討魯國、蔡國、楚國等多個國家，同時派兵救援燕國與衛國兩個國家，組織諸侯會盟，而且帶頭表示會效忠周朝天子。

西元前六五一年的夏天，姜小白再一次於葵丘召集天下諸侯進行會盟，這一次周天子也派人拿著厚禮獎賞姜小白，姜小白登上了天下諸侯盟主的寶座，自此，春秋時代的第一位霸主誕生了。

晉文公重耳──晉國百年霸業的開創者

南方的楚國挺進中原時，北方晉國的勢力也逐漸變得強大了，正所謂一山不容二虎，兩大強國由此展開了一場爭奪霸權的鬥爭。

晉國處於山西汾水流域，和戎、狄等雜處，國界不明。春秋初期，從軍事力量方面來看，晉國的勢力還非常弱，依然是一個小國，且內部爭鬥不斷。

西元前六七九年，曲沃桓叔的孫子曲沃武公派兵攻打晉，與晉對抗，之後曲沃武公自立為晉武公。曲沃武公為取得合法的地位，竟然用價值連城的珠寶器物行賄周釐王，而貪財的周釐王禁不住誘惑，最終承認了曲沃武公的合法地位。在當時，依照西周的禮儀制度，各個諸侯國所具備的軍事力量應該是：大國具備三軍的兵力，次國具備二軍的兵力，小國具備一軍兵力，因此，晉國在當時各個諸侯國中還只能算得上是一個不入流的小國。

在取得合法地位的第二年，晉武公就死了，之後其兒子晉獻公繼承了大統。在位二十六年期間，晉獻公勵精圖治，鏟鋤奸佞，對那些奸惡的同姓宗族從來都不會手下留情，同時對那些立下軍功的卿大夫委以重任，這樣一來就大大強化了公室的權力，穩定了公室的政治地位。

晉國的綜合國力逐漸強大起來，勢力強大了，野心也隨之變大了，晉獻公開始一點點向四周開拓自己的疆域。在這一時期，被晉國吞併的小國不計其數，與此同時，晉獻公還指派軍隊攻打驪戎、北狄等少數部族，為了保證晉國的安穩，使當地百姓可以安居樂業，指派公子重耳與夷吾二人在當地駐守，此時的晉國已經不再是一個小國，

而是一個疆域遼闊的國家，晉國的疆域已經擴展至黃河西岸與南岸，已經成為一個擁有崤山與函谷關天險的北方強國了。為了實現自己的霸業，吞併更多的國家，晉獻公斥鉅資，招兵買馬將軍隊擴大了一倍，從原來的一軍兵力增長到了兩軍的兵力。期間，晉獻公親自統帥上軍，太子申生率領下軍，國力日漸強盛。

但是後來，由於國中內亂不斷，根本無暇外顧。在晉獻公大敗驪戎之後，驪戎的頭領為了表達對晉國的誠意，親自護送美女驪姬來到晉國，將其獻給了晉獻公。好色的晉獻公在看到驪姬的第一眼，就被她的美貌迷住了，對她百般寵愛，從此便再也無心朝政，再加上驪姬很快給晉獻公生下了兒子，母憑子貴的思想根深蒂固，驪姬因此更加受寵了。

可恨的是，驪姬並不像她的外表那樣惹人憐愛，而是異常狠毒，一心想要讓自己的兒子做晉國的太子。為了實現自己的夢想，她施計將太子申生害死，而公子重耳與夷吾為了躲避災禍，被迫離開晉國，開始了流亡的生涯。

西元前六五一年，晉獻公去世，大臣荀息支持奚齊繼承大統，做晉國的國君，而大臣里克擁立公子重耳，兩股勢力發生了激烈的爭鬥，隨後，里克一黨佔了先機，發動了宮廷政變，殺死了奚齊。荀息又改立卓子，而里克又借機殺掉了卓子，就連荀息自己也被迫選擇了自殺。國不可一日無君，第二年，為了穩固晉國的混亂局勢，周襄王召集齊桓公、秦穆公進行了一次會盟，將一直流亡在梁國的夷吾立為晉國的國君，即為晉惠公。

哪裡知道晉惠公竟然心術不正，是一個毫無信用可言的混蛋。為了可以回到晉國當上國君，他曾經答允秦國以及國內大臣：若是可以幫助他當上晉國的國君，日後定當重謝。但是在他們幫助晉惠公當上國君之後，他便立刻將這些許諾拋至九霄雲外，支持他的功臣里克被

迫自殺，而對於秦國，曾經開下海口所應許的五座城池也全部化作了泡影，甚至於當秦國發生了百年不遇的大災荒的時候，秦國向晉國購買糧食，也被晉惠公絕情地拒絕了。晉惠公的種種行為，都讓秦國恨透了他。在魯僖公十五年，秦穆公親自率領大軍攻打晉國，兩軍在韓原邊境展開了一場激烈的戰爭，晉軍大敗，晉惠公落入秦軍的手裡。

晉惠公是秦穆公妻子的親弟弟，秦穆公將晉惠公活捉回去之後，本打算殺掉晉惠公，以此來平息心中的怨恨。但是穆公夫人念及多年的姐弟情誼，竟然以自焚要脅秦穆公，秦穆公不願看到夫妻反目成仇，這才保全了晉惠公的一條命。在晉惠公當俘虜的這段時間，秦、晉兩國簽訂了友好盟約。同年，秦國護送晉惠公回到晉國。但是，當晉惠公回國之後，就立即派人快馬加鞭千里迢迢前往狄地去刺殺對他存在潛在威脅的重耳。卻不料走漏了風聲，重耳聽到風聲之後，立刻逃跑了，又開始了他漫長的流亡生活，在此期間，重耳共遊歷了八個國家。

直到西元前六三六年，流亡十九年之久的公子重耳，在秦穆公（他的岳父）的大力協助之下，終於回到晉國坐上了君主的寶座，史稱晉文公。晉文公執掌晉國的政權後，將狐偃、趙衰以及先軫這些精明能幹的大臣置於要職，同時在經濟、政治、軍事方面都進行了改革，大力推行「舉善援能」、「明賢良」、「通商寬農」、「賞功勞」等政策，勵精圖治。在晉文公的治理之下，晉國迅速強盛起來，也因此為爭霸諸侯奠定了堅實的基礎。

晉文公登基的同一年，周襄王和他的弟弟叔帶一起，因為勾結狄人被晉文公驅逐出國，逃到了鄭國避難。第二年，狐偃上書晉文公「勤王」，殺雞儆猴，樹威於天下。在狐偃的勸說之下，晉文公抓住了這一個難得的機會，指派軍隊將周襄王護送回國，繼而殺死了叔帶。周襄王對晉文公十分敬佩，為了答謝晉文公，就將「南陽之田」

贈予晉國。所以，晉國的南部疆域迅速擴展到了太行山以南、黃河以北的地區，這也為晉文公日後稱霸中原埋下了伏筆。晉文公此舉不僅得到了尊王的美名，而且在諸侯心目中的地位也上升了，同時還取得了進出中原境內的捷徑，算得上是名利雙收。

之前歸附於楚國的宋國，看到晉國的勢力逐漸強大起來，於是設法脫離了楚國的控制，投奔了晉國。西元前六三四年，齊、魯兩國展開激戰，魯國向楚國求援。而楚國為了保證自己在中原的優勢地位，便攜同陳、蔡、鄭、許等國聯合起來攻打齊國的同盟國宋國。一年之後，宋國因為抵擋不住連環進攻，最後派人求救於晉國。大夫狐偃經過再三分析商議，建議出兵。西元前六三二年，在齊、秦等國的幫助之下，晉國決定派兵征討楚的盟國曹與衛。經過三個月的時間，晉軍攻佔了曹國都城陶丘。但是，楚軍沒有上當受騙，仍舊加緊腳步攻打宋國。

同時，晉國還進行了一些外交活動，不但曹、衛與楚國的盟友關係被破壞了，繼而和齊、秦兩個國家結成盟友關係，於是秦、齊兩個國家也一同救援宋國。楚成王眼見形勢於自己不利，便立即率領大軍退回到楚國的境內，與此同時，派使者告訴依然任職於前線的楚國大將要「知難而退」。但是，大將子玉生性驕橫自負，根本沒有將晉軍放在眼裡，輕率冒進，率領軍隊大舉進軍陶邑，企圖與晉軍主力決一死戰。晉文公眼見楚軍步入自己的圈套，立即下令「退避三舍」，到城濮安營紮寨。

同年四月，雙方在城濮展開激戰。晉、秦、齊、宋四國聯軍，利用上、中、下三軍擺成橫陣。其戰法為右軍撤退，引誘敵軍出擊，之後利用中、左兩軍進行夾擊。而楚國一方為五國聯軍，子玉親自率領楚軍位於中間位置，陳、蔡的軍隊在右側，鄭、許的軍隊位於左側，這樣的陣勢明顯就是要三軍齊進。戰鬥剛剛開始，晉國就佔了上風，

晉軍團結一致，同仇敵愾，奮勇殺敵，敵軍一觸即潰。之後，晉軍選擇後退，引誘敵軍，楚軍陷入了晉軍的重重包圍，結果全被殲滅。子玉眼見形勢不妙，立即下令中軍進攻，敗退連谷。

楚軍戰敗的消息傳到了楚王的耳朵裡，他龍顏大怒，嚴厲地斥責子玉，子玉被迫自殺。

西元前六三二年，晉文公在踐土會盟諸侯，其主要人物包括魯僖公、蔡莊侯、齊昭公、鄭文公、衛叔武、宋成公和莒子，周襄王不但派王子虎參加了這次盟會，而且還親自前往踐土犒勞晉文公。如此一來，晉文公的霸主地位得到各諸侯王的認可。同年冬天，晉文公再次召集會盟，周襄王也被邀請參加盟會，從而進一步鞏固了晉文公的霸主地位。

之後，楚、晉之間展開了長達百年的爭鬥。

宋襄公子茲甫──含恨而終的諸侯

召陵之盟後，由於楚國的北進受到阻礙，只好轉而向東謀求發展，楚國的勢力發展到現在的河南南部和安徽的北部地方。齊桓公去世之後，屍骨未寒，他的兒子們便展開了殘酷的王位之爭，以至於齊桓公的屍體在停屍房的外面停放了數月，也無人過問，最後臭氣薰天，生蛆長蟲。

由於齊桓公在位的時候就將太子昭託付給宋襄公，所以在這次王位爭鬥之中，太子昭得以逃到宋國尋求庇祐。為什麼齊桓公將自己的太子託付給國力並不強大的宋襄公呢？據史料記載，宋襄公素有賢德之名，曾經請求立兄長為君，從而獲得了「讓國」美名，齊桓公很看重他，因此將太子即位之事交付給他。

這時，齊國內亂不斷，宋襄公看到之後仗義興兵，打算率領諸侯平定齊國的內亂。他聯合衛、曹、邾等國，將太子昭護送回國繼承齊國的君位，太子昭即位，即為齊孝公。由於這場內亂，齊國的霸主之位開始動搖，並逐漸走向沒落。中原陷入混戰之中。

憑藉著穩定齊國局勢之事贏得的一些聲譽和宋國的地位在其它諸侯之上，這個時候的宋襄公開始自大起來，於是他就自以為仁義昭著，讓諸侯們奉自己為霸主。西元前六四一年，宋襄公邀請曹、邾、鄫等國在曹都會盟，共同商量對付楚國的策略。會盟的時候，因為鄫國的國君遲到，宋襄公當時就懲罰了他；又因為曹國沒有盡地主之誼送羊給他，在這年的秋天，宋國就興兵攻打曹國。

諸侯們很快開始對宋襄公的亂施淫威表示反感。於是，陳國提議在這年的冬天，魯、陳、蔡、楚、鄭、齊等國在齊國集會，以追念齊

桓公的名義來表達對宋襄公所作所為的不滿。宋襄公看到中原的諸侯們不再聽取自己的號令，於是想借助齊國和楚國的軍事實力，鎮壓諸國。

西元前六三九年，宋襄公約齊孝公一起和楚國人在鹿上（今安徽阜陽南）見面，約定於這年秋天在盂地結成聯盟。宋襄公的弟弟公子目夷對於楚國痛快答應結盟之事深感憂慮，就勸宋襄公說，宋國本是小國，小國要爭當霸主自然不會有好結果。但是，由於當時諸侯霸主的誘惑實在太大了，這些逆耳的忠言宋襄公根本聽不進去。宋襄公前往盂地動身之前，公子目夷又提醒他，楚國人一向不講信用的，為防有變，一定要帶上軍隊。怎奈宋襄公聽後卻迂腐地認為自己應該遵守自己提出的不帶軍隊的會盟建議，只帶了一些隨從就趕去赴會了。

果然，在會盟之時，楚人調動早已埋伏好的軍隊，將宋襄公囚禁。楚國以宋襄公來要脅宋國。公子目夷伺機而逃，回到國內之後，團結宋國的國民抵抗楚國的大軍。楚國見被抓的國君對自己毫無意義，恰逢此時魯僖公又出面進行調節，於是楚國人就送了個順水人情，釋放了宋襄公。宋襄公回國之後，對楚國言而無信的行為深惡痛絕，同時對諸侯們的見死不救的行為也很惱怒。但無奈怒氣無處可發，於是，曾經在春秋初期短暫稱霸諸侯，後來衰落的鄭國成了他的出氣筒。

鄭國當時為了生存，像牆頭草一樣在楚國和中原諸侯之間的夾縫中左右搖擺。於是宋襄公就聯合衛、許、滕等幾個小國一起對鄭國發起進攻。鄭國只能向他的盟國楚國求救，楚國隨即派兵救援。本想要報上次之仇的宋襄公，更加竭盡全力準備同楚國交戰，大戰一觸即發。西元前六三八年，宋國和楚國的軍隊在泓水（今河南柘縣北）相遇。宋軍在北岸列陣等待的時候楚軍正在渡河，宋國的司馬公子目夷認為楚國的軍隊人數眾多，建議宋軍應趁楚軍渡河混亂的時候發起進

攻。宋襄公顧及仁義之師的名聲斷然拒絕了目夷的建議。

當楚軍渡過泓水，正在排兵佈陣混亂的時候，公子目夷又勸他趁楚軍還沒有穩定下來的時候對楚國發起進攻，宋襄公再次拒絕了目夷的建議。等到楚軍排好陣仗，他才下令擊鼓進攻。楚軍採取兩翼包抄的戰術，讓宋軍四面受敵，陷入了困境，雖然宋襄公本人英勇殺敵，但因為兩軍的實力相差懸殊，結果，宋軍傷亡慘重，宋襄公雖然憑藉死戰得以突圍，但腿部卻深受重傷。第二天，由於在楚軍渡過灘水乘勝追擊時，恰逢河水暴漲，一千多名楚軍被淹死。由於這次意外，楚軍不得不撤軍回朝。泓水之戰遂告結束。

宋軍戰敗之後損失慘重，朝野上下對宋襄公不聽公子目夷的意見頗有埋怨，他卻不以為然。不久，宋襄公因為泓水之戰的箭傷復發去世，霸王之夢也隨之成為了笑柄。

秦穆公嬴任好──橫掃西戎的霸王

　　晉文公創建宏偉霸業的前後，秦國與楚國先後出現了秦穆公與楚莊王兩個精明能幹、勵精圖治的君主，與此同時，這兩個國家向晉國發起挑戰，嚴重威脅到了晉國的霸業。

　　西周末期，當時的秦國還只是一個三流的國家，被其它諸侯國看成是「西垂大夫」，完全不放在眼裡。西元前七七一年，周幽王慘遭犬戎部落的攻擊，秦襄公親自率領軍隊援救周室，而且還親自率領軍隊護送周平王東遷。念及秦襄公的功績，第二年，周平王封秦襄公為諸侯，同時賜其岐山以西的大片土地，同時下令將此處的戎人趕走，一個不留。從此以後，秦國與戎狄展開了激烈的戰爭。

　　在不斷的爭奪中，秦國的地位得到了鞏固，疆域也不斷擴大了，後來，秦國將都城改定為雍地，秦國的勢力不斷強大，逐漸成為西周諸侯國之一。歷經一百多年的時間，秦國的每一位君主都在為之不斷努力著，秦國於西方的勢力不斷加強，尤其是進入春秋時期之後，原來屬於西周的陝西境內的大片疆域，大多數都歸在秦國的名下。秦穆公即位之後，秦國不論在政治、經濟與文化等各個方面均有了突飛猛進的提升，綜合實力已經非常雄厚，是當時數一數二的強國。

　　秦穆公野心勃勃，在位期間，力圖東進，於是他先向晉國的獻公求婚，希望晉獻公可以將女兒下嫁於他，給他做夫人。為了擴充國家的軍事實力，使秦國更加強盛，秦穆公開始禮賢下士，招攬人才，不管是文臣還是武將都努力地彙集於自己的手下。

　　在這些頗具才能的謀臣與武將的大力輔佐之下，秦國一步步走向強大，在政治、經濟、軍事等各個方面都有了很大的突破。然而，秦

穆公的目的並不在此，他的野心並沒有得到滿足，他真正的意圖是進軍中原。為了打開通往中原的道路，西元前六二八年，在知道鄭、晉兩國的君主都已經去世的消息之後，秦穆公不顧大臣的極力勸阻，一心要越過晉國邊境直接偷襲鄭國。秦穆公被一時的利益沖昏了頭，完全沒有顧及到晉國的感受，晉襄公哪裡受得了這樣的屈辱，為了維護晉國的宏偉霸業，決定給秦穆公一點兒顏色瞧瞧，預備在秦軍勝利返回的時候，在崤山的險要之地埋下重兵伏擊秦軍，將其全部殲滅，以消心頭之恨。

十二月，秦穆公派大將孟明視等精明的將領率領大軍突襲了鄭國，勝利而回。第二年春天，在孟明視的指揮之下，順利度過了崤山的隘道，在到達滑境內時，碰巧遇到了鄭赴周倒賣牛的商販弦高。聰明機警的弦高立刻斷定，秦軍肯定是去突襲自己國家的，便一邊憑藉鄭國君主的名義，用十二頭牛犒賞秦軍，分散他們的注意力，拖住秦軍，一邊秘密讓人日夜兼程、快馬加鞭回鄭國報警。孟明視誤以為鄭國一定早已經有了防備之心，於是便放棄了侵略鄭國的計劃，但是兩手空空回國又感覺不甘心，就順手將滑國滅了。

同年四月，當秦軍再一次經過崤山隘道的時候，卻不料遭到了以逸待勞的晉軍的突襲，晉襄公早已將生死置之度外，身穿喪服親自進行督戰，將士們士氣大振，一個個奮勇殺敵。秦軍被逼到了隘道，處在進退兩難的地步，士兵們驚恐大亂，全部被殲滅，三位元主將也成為了晉軍的俘虜。自此，秦、晉結下深仇，之後的五年時間，兩個國家之間發生數次戰爭，一次比一次慘烈。

西元前六二四年，秦國終於在王官一戰中大敗晉軍，勝利凱旋，一雪崤山之恥。崤山一戰之後，秦穆公瞭解到晉國不容小覷，他們的綜合國力相當雄厚，目前東出中原還僅僅是一個幻想而已。於是，秦穆公將自己的勢力轉而向西蔓延，短短幾年的時間，就殲滅了戎族的

國家共十二個，擴充了千里的疆域，直逼西戎。問西方的發展，使得秦國加速了和戎族的融合。

西元前六二一年，秦穆公不幸離世，葬禮舉行得相當隆重，共用一百七十七人為秦穆公殉葬，這也是自從周朝建立以來用人進行殉葬人數最多的一次，當時秦國非常有才幹的子車氏「三良」也被列入了殉葬的行列。秦國百姓感到悲痛不已，特作〈黃鳥〉詩一首以寄託他們的哀思之情，同時也充分表明了百姓對於人殉制度的無比憤恨，一直到現今，這首詩都記錄在《詩經》中。

秦穆公去世之後，其繼承者們都非常有才能，但都沒有很大的野心和魄力，因此，一直到春秋末期，秦國也沒能在政治舞臺上有過特別突出的表現。

楚莊王熊侶──一鳴驚人的楚國君主

晉文公離世之後，晉襄公繼承大統，登上了國君的寶座，受父親的影響，晉襄公勵精圖治，選賢任能，霸氣外露，短短幾年的時間，就將國家管理得更加強大。當時晉國處於天下的霸主地位，無人能與之相抗衡。但晉襄公死後，晉國就逐漸失去了天下霸主的地位。因為另外一個霸主正在積蓄力量，馬上就要有所突破了。

西元前六一三年，楚莊王登上國君的寶座，成了楚國的新任國君。楚莊王登基之初，每天吃喝玩樂，遊手好閒，喝酒打獵，對於國家的一切事情都不上心。為此，楚莊王還特意下了一道命令，說：「如果誰不怕死，就可以前來進諫，到時不要怪本王不留情面，求情者也一併斬首！」大臣們雖對楚莊王早有不滿，卻不敢勸諫。這樣的日子楚莊王安安穩穩度過了三年，在這三年的時間裡，楚國大多數的附屬國都逐漸選擇了背叛，脫離楚國的控制，投靠別國，而且楚國的百姓也慢慢有了反叛之心，可以這樣說，楚國已到了山窮水盡的地步，下一步就要面臨亡國的危險了。

楚莊王的行為實在是太過分了，身為一國君主竟然如此荒誕，大臣伍舉決定覲見面聖，不管使用什麼方式，即便是死也在所不惜。有一天，伍舉進宮對楚莊王說：「就在前幾日，臣在民間聽說了一個謎語，覺得非常有意思，但是臣下愚鈍，猜不出其中的奧秘，就想要和大王一同分享，希望大王您可以幫愚臣猜一下。」

這時的楚莊王正摟著兩個國色天香的美女喝酒、玩樂，他醉醺醺地說道：「好吧，你先說說看，讓本王來猜一猜。」

伍舉便抖了抖精神，說道：「有一隻大鳥停在樹上，三年的時間

也沒見它飛過，哪怕是撲騰一下翅膀都沒有，叫就更不會了，請問大王這到底是什麼品種的鳥呢？」

楚莊王雖然喝醉了，但是心裡卻十分清楚，伍舉口中說的那只鳥就是自己，因此他便說：「你有沒有聽說過不鳴則已，一鳴驚人，它之所以三年沒有飛一次，那是因為它想要一飛衝天，三年不叫，那是因為它想要一鳴驚人。你先行退下，本王明白你的意思了，也知道現在該怎麼做。」伍舉聽後竊喜，心想：這次大王終於改邪歸正，也不枉我冒死覲見了。

但是，在之後的幾個月裡，楚莊王不但沒有好轉，反而比原來更加荒唐了，完全沒有悔改之意。

大臣蘇從忍受不了了，決定進宮，冒死向楚莊王直言進諫。楚莊王瞪大眼睛呵斥道：「大膽蘇從，你難道不怕本王將你處死嗎？」蘇從義正詞嚴地說：「若是臣的死，可以換回一個清醒的君主，大王從此可以振作起來，勵精圖治，好好治理自己的國家，那臣就沒有什麼可以害怕的了。」這樣的言辭，感動了「鐵石心腸」的楚莊王，他說道：「你真的是太傻了。」

蘇從誠懇地說：「若是大王因此殺了我，那麼我死之後，大家一定會說我是一個忠臣。若是大王繼續吃喝玩樂，楚國馬上就會面臨滅亡，到時人們就都會說您是一位亡國的君主。這樣一比，您是不是比我還要傻呢？」楚莊王思索了片刻，對蘇從心平氣和地說：「我知道你所說的句句發自肺腑，均是良言啊，你請放心吧，我一定聽你的，從此以後專心治理國家，做一位開明的君主。」

第二天，楚莊王真的改頭換面，親自管理國家的大小事宜，治理國家，他竟在幾天之內處死了國家好幾百個奸佞的大臣，與此同時，還選賢任能，充分重用那些有能力的人才，選用了很多有才幹的賢臣，楚國逐漸步入正軌。楚國百姓見楚莊王終於振作起來了，都很高

興。同年楚莊王就派出一支精銳軍隊滅掉了庸國。經過短短的三年時間，在經濟、政治、軍事等方面，楚國都有了突飛猛進的發展。三年之後，楚莊王再一次派兵擊潰了宋國，楚國的疆域得到了擴展。

之後，楚莊王派大將大敗陳、鄭兩個國家，疆域再一次得到拓展。而楚莊王的野心並沒有因此得到任何的滿足，他想要的是霸主的寶座。

在積蓄多年之後，西元前五九七年，楚莊王親自率軍擊潰了當時天下實力最強大的晉軍。

西元前五九四年，楚莊王大會各國君主，受邀的有魯國、鄭國、齊國、秦國等十幾個國家的國君，而且這十幾個國家的國君都推舉楚莊王為霸主，而楚莊王也不負眾望，成為了春秋時期的新任霸主。

越王句踐——「臥薪嚐膽」的君王

　　春秋晚期吳、越兩國之間爭雄，這是當時繼吳、楚相爭後的又一次規模非常宏大的政治與軍事爭鬥。當時的越國位於吳國南部，在吳、楚兩國爭霸最激烈的時候，趁著兩霸無暇東顧之機，越國逐步發展壯大起來，在經濟、政治、軍事等方面都已經不容小覷，而且逐漸取代了楚國的地位，其綜合實力完全可以與吳國爭雄，因而成為了吳國的勁敵。

　　越國位於今天的浙江紹興境內，據說越國的開創者是夏代少康的兒子無余。相傳到了夏王少康的時候，因為害怕大禹斷子絕孫，無法將香火延續下去，於是賜予他的庶子越地。在經歷了夏、商、周三代之後，越國死而復生，亡而復立。越國建立之後，其經濟、文化等各個方面都比較落後，正所謂弱國無外交，所以越國很少和中原地區的國家交往。就這樣一直到了越王允常即位之後，越國才與吳國建立了直接往來關係，而且相互攻伐，戰爭不斷升級。這時候，已經到了春秋末年了。

　　西元前四九六年，越國國君允常不幸去世，句踐繼承大統，登上了國君的寶座。此時的闔閭便趁著越國新君初立，派兵大肆入侵越國，騷擾越國邊境，在榜李兩軍展開激戰，最終吳軍寡不敵眾，損失慘重，大敗而回，就連吳國君主闔閭也不幸被箭射中，身受重傷，沒過多久就死在了撤軍回國的途中。

　　闔閭去世之後，他的兒子夫差登基做了國君，發誓一定要打敗越國，替父報仇。於西元前四九四年，夫差派重兵大舉進攻越國，在夫椒一戰中大敗越軍，而越王句踐損失慘重，只剩下五千甲兵狼狽逃往

會稽山。為了免遭亡國的危險，句踐特意派大夫文種在吳國太宰伯嚭的引薦下讓夫差同意句踐夫婦到吳國做人質，以此作為條件同吳國講和。這遭到了吳國大臣伍子胥的反對，力諫夫差不要相信句踐，但是吳王夫差完全聽不進伍子胥的良言，竟然同意與越國講和。從此以後，句踐便臣服於夫差，向吳稱臣，夫婦二人也一同來到吳國做了夫差的馬奴。

句踐夫婦在吳國受盡苦楚，過著人不人鬼不鬼的生活，但是「君子報仇，十年不晚」的道理句踐怎能不明白，就這樣經過了三年的時間，他們二人才被赦免回到越國。在句踐回國之後，便下定決心報仇。為了磨煉自己，即使在冬天，句踐也會用冷水洗腳、洗澡，而且脫光衣服抱著冰塊，在夏天的時候也會將自己置於火堆旁邊。不僅如此，他還將苦膽懸掛在房梁上，出入都會先用舌頭舔一下，以此來記住當年所受的屈辱，而這就是歷史上句踐「臥薪嚐膽」的故事。

越王句踐的生活異常儉樸，出門的時候沒有奢華的轎輦，也沒有人跟隨，就連平日裡吃的食物也是清淡無味，身上的穿著更是簡樸，每天勤於政事，從來不會忙裡偷閒，更不會遊山玩水了。為了深入瞭解百姓疾苦，他親自耕田，自給自足，而他的夫人也親自織布，為一家老小縫製衣服，其目的就是為了節省國家的開支，增強國家的實力。

在經濟上，越國大力發展生產，且不斷繁息人口，越國的人口迅速增加。句踐還下旨國內免收十年的租稅，鼓勵生育，繁衍人口，而且嚴厲禁止年輕力壯的男子娶年老的女子為妻，年老的男子也不可以迎娶年輕的女子為妻。如果十七歲的女子還沒有出嫁，二十歲的男子也沒有娶妻，那麼他們的父母就會被降罪。在婦女即將分娩的時候，需要向官府報告，官府會派醫生前往，直至順利生產。如果生下男孩，就會送兩壺酒，外加一隻犬；若是生下女孩，就會送兩壺酒，外

加一頭豬；若是哪一家有幸得了雙胞胎，那麼所有的花銷均由官府提供；若是三胞胎，官府就會出資請保姆進行餵養。對於那些鰥寡孤獨的百姓，國家都會提供相應的照顧措施。對於那些囚犯，也都會緩刑薄罰，以達到安定民心的目的。

在政治上，句踐實行整飭內政、禮賢下士的政策。句踐任用文種管理內政，重用范蠡治理軍事和外交，選用計然管理國家的財政。句踐積極任用國內賢士能人，對他們施以優厚的待遇，讓他們可以盡心盡力為國家效忠出力。

在軍事上，句踐斥鉅資招兵買馬，進行大規模的軍事訓練，按照里閭徵集和編制兵員。與此同時，加強軍事工業，製造利劍強弓，大規模訓練「習流」水軍，並且用重金對士兵進行言行上的教育，讓他們可以服從命令、樂於立功。同時，句踐開始大興土木，修築城郭，加強邊關防守。

在外交上，實行「親於齊，深結於晉，陰固於楚，而厚事於吳」的政策。一面大力擁護吳王夫差與齊、晉兩國爭霸，一面又私下同齊、楚、晉等國家進行聯盟。終於，多年的努力沒有白費，越國逐漸走向強盛，綜合國力逐漸強大，現在要做的就是等待時機，擊敗吳王夫差，一雪前恥。

而吳王夫差在擊敗越國之後，認為吳國的國力雄厚，是不可戰勝的國家，於是便逐漸變得狂妄起來。他信任並重用讒佞小人伯嚭，對於伍子胥的忠言卻視若無睹。自從打敗越國之後，夫差不斷北上，為了更方便與中原的各個諸侯國爭霸，吳王夫差下旨開鑿貫通邗溝，這條運河溝通了長江與淮河流域，工程浩大。西元前四八四年，吳國與魯國結盟，再一次北上入侵齊國，不斷騷擾齊國邊境，在艾陵境內打敗齊國的軍隊，而且還俘虜了齊國大夫，將八百輛兵車和三千甲士帶回國，齊、魯等幾個諸侯國均臣服在吳國夫差的腳下。西元前四八二

年，夫差邀請晉國的君主結盟，與其爭奪霸主的寶座。

夫差為了爭奪霸主的地位，曾經傾盡全國的精兵北上，國內僅留下了太子友和為數不多的軍隊看守都城姑蘇。句踐聽到吳王夫差親自率領大軍北上的消息之後，認為報仇雪恨的時機已經到來，便親自率領越國精銳部隊浩浩蕩蕩向吳國進軍，與吳軍展開一場激烈的大戰，其規模前所未見，最終吳軍大敗，只用了很短的時間，越軍一舉擊敗吳國，並攻佔了吳國的都城姑蘇，俘虜了吳太子友和三員大將，在姑蘇城內放了一把火，將其燒得片瓦未留。

當時，吳王夫差正在黃池和晉國爭奪霸主之位，雙方實力相當、相持不下，在聽到這個消息之後，急忙完成會盟，火速回國，但是為時已晚，只能奪回已經是殘垣斷壁、一片狼藉的都城，選擇與越國講和。從西元前四七五年起，越軍包圍吳國都城姑蘇城長達二年的時間，直至夫差即位的第二十三年的時候，姑蘇城才再一次被攻破。夫差出城請降，希望句踐可以念及當年的情分，可以同自己當年待越國那樣，允許吳國向越國俯首稱臣，屈居於下。句踐本打算答應夫差，但是此舉遭到了范蠡的堅決反對。走投無路的情況下，夫差被迫選擇了自殺。

句踐不但要滅吳國報仇，而且還想要學習夫差的樣子稱霸中原。在句踐滅吳之後，便立即率軍北上渡過江、淮流域，與齊、晉等諸侯於徐州會盟，向周元王致貢。為了表達自己的誠意，周元王特意派人賜予句踐祭肉，封其為侯伯。句踐率大軍回國，而且將淮上的大片土地歸還楚國，還將當年侵奪的宋國土地拱手奉還。越軍在長江、淮河流域橫行，每年都會有諸侯進行朝賀，這儼然是霸主才能具備的風采。

吳王夫差──被狂妄自大害死的君主

在經過了弭兵會盟之後，中原各國均被捲入了激烈的爭鬥中，而此時此刻，地處南部的吳國和越國兩個國家趁著機會逐漸強大起來，其中的兩位君王還先後被後人尊為霸主，可見其實力雄厚，不容小覷。但是夫差生性狂妄自大，自以為是，而這最終將自己送上了身死國滅的絕路，真是可悲。

如果說到吳國的興盛，就要追溯到吳王闔閭在位時期了。當時闔閭器重伍子胥與孫武等人，而且讓他們身兼要職，多次大敗楚國的軍隊，領土不斷擴大，不斷向西方推進。而作為鄰國的越國，勢力較弱，不想任人魚肉，便聯同楚國一起抵禦吳國的進攻。越國國君允常離世之後，他的兒子句踐順其自然成為越國的君主，吳王闔閭趁著越國新主即位、根基不穩的時候大肆侵擾越國邊境，卻不料越王句踐早就有所準備，闔閭在此次戰爭中不幸中箭身亡。

闔閭死後，夫差繼承大統，發誓要殲滅越國為父親報仇。為了實現自己的願望，在即位之初，夫差便開始大力整頓甲兵，向越國一次次發起猛烈的進攻。越國綜合國力本就不及吳國強大，戰敗也是情理之中的事，而上次之所以可以傷到闔閭，完全是由於闔閭過於自信，根本沒有將越國放在眼裡。更何況現在的夫差身負國仇家恨，吳軍的士氣自然十分高漲。吳國來勢洶洶，越王深知吳國是真的要拼命了，所以不敢輕敵，便親自率領大軍前去迎戰。西元前四九四年，吳軍大敗越軍，最後越王句踐僅存五千甲兵，狼狽退回會稽山，之後讓文種前去向夫差求和。

文種到吳國之後，覲見夫差的時候，匍匐著身體，誠惶誠恐，不

敢有一絲怠慢，見到夫差時，說道：「大王，請您本著一顆仁慈的心，手下留情，放越國一馬吧，現在的越國已經面臨亡國的危險，所以我們心甘情願俯首於吳國，做吳國的奴僕，只要大王您一聲令下，越國均會為大王效命，死而後已！」

夫差本就是一個狂妄自大的君主，看到自己的殺父仇人對自己俯首稱臣，這就大大滿足了夫差的虛榮心，夫差反而不想殺掉句踐了，而要留著他，慢慢地折磨他。夫差的言行遭到了大臣伍子胥的極力反對，伍子胥勸諫夫差說：「大王請三思，句踐萬萬留不得，必須要斬草除根，才能永絕後患，難道你全然不顧你的殺父之仇了嗎？」但是太宰伯嚭則說：「大王本是仁君，應當以仁愛之心治理天下百姓，既然句踐已經臣服於吳國，那就是吳國的百姓，所以大王還是手下留情，不要趕盡殺絕才好，越國已經臣服於您，這樣的結局不是非常好嗎？」夫差仔細思量了一番，最後沒有聽從伍子胥的勸諫，放了句踐一條性命。

其實，文種對於伯嚭早就有所瞭解，知道他為人貪婪，因此在面見夫差之前就已經賄賂了這個人，希望他到時可以替越國說話。因為這件事，伍子胥感到非常不滿，怒氣衝衝地指著夫差說：「大王，難道你真的將自己的殺父之仇拋於腦後了嗎？」吳王夫差哪裡會將伍子胥的話放在心上，認為他已經年邁，為人處事更是固執，所以就沒有在意他。

句踐在會稽一戰兵敗之後，便攜同家眷與范蠡等一行人來到吳國，為夫差做起了馬奴。出乎意料的是句踐等自從來到吳國之後，做事勤勤懇懇，十分敬業，甘願當牛做馬，這樣一來夫差的虛榮心得到了滿足，心裡暗自竊喜：我總算是為父親好好地出了一口氣。自以為是的夫差全然不知養虎為患的道理，當初沒有殺掉句踐成為他這一輩子所犯的最大的一個錯誤，並且為此付出了沉重的代價。在吳國，句

踐忍辱負重。後來，為進一步博得夫差的信任，還將美女西施獻給夫差，當看到西施的第一眼，夫差就被她迷住了，西施的一番話勝過大臣的千言萬語，比伍子胥的「逆言」管用多了。

句踐在吳國待了三年的時間，在這期間，伍子胥曾多次勸諫夫差殺了句踐永絕後患，但是夫差完全把它當作耳旁風，尤其是看到句踐做奴才這樣有天賦，怎麼會存在反叛之心呢？試想一想有誰會甘心為別人做牛做馬，更何況句踐還是一位君王。

夫差對句踐逐漸消除了戒心，轉頭北上，不斷對齊國發起進攻，這一次伍子胥斗膽勸諫夫差說道：「大王，攻打齊不可以急在這一時，位於我們後方的越國對中國一直虎視眈眈，想找機會對我們下手，若是不早一點將其剷除，將來定會成為中國一個強有力的對手。」夫差固持己見，執意派兵攻佔齊國，而這次戰爭吳國大勝，這就更加助長了吳王夫差的囂張氣焰。伍子胥知道夫差過於狂妄，便對他說道：「大王千萬不要高興得太早了！」夫差本來心情非常好，那裡會知道伍子胥竟會潑自己的冷水，他怎會不生氣呢。伍子胥見到夫差如此不知悔改，便要自縊以表忠烈，夫差見狀連忙將其阻止了下來。

此後，夫差依舊對晉、齊兩國發動進攻，伍子胥也曾多次良言相勸但都不見成效。在幾次戰役中，夫差均打了勝仗，所以越發地得意忘形，甚至覺得自己天生就是打仗的材料，吳國是戰無不勝的，就連周天子他都沒有放在眼裡。中原的各個諸侯國又怎會甘心，他們可從沒有受過這樣的窩囊氣，但是吳國的軍事實力強大是不爭的事實，也只能暫時忍氣吞聲，逐漸積蓄自己的力量。

就在這時，越國在句踐的治理之下逐漸發展起來，句踐任用賢士，在文種的大力輔佐之下，越國舉國上下團結一心，同仇敵愾，決心一定要報仇。而此時沉浸於勝利，得意忘形的吳王夫差又怎會知道

危險正在一步步逼近，依舊過著紙醉金迷的快活日子。大夫文種假借
向吳國借糧來刺探吳國對越國是否存在防範之心，伍子胥知道後便極
力勸阻夫差，但夫差一意孤行將糧食借給了越國。

伯嚭早就想獨攬大權，因為礙於伍子胥，他才沒有機會大顯身
手，所以就一門心思地想要將伍子胥趕走，便借機向夫差說道：「大
王可還記得，伍子胥連父兄的生死都可以毫不在乎，又怎麼可能會為
大王盡忠盡孝，你難道不知道他馬上就要背叛您而投奔齊國了嗎？」
夫差沒有將他的話放在心上，而是派伍子胥任使者出使齊國，誰知伍
子胥到了齊國以後，竟然把兒子託付給齊國的鮑氏撫養。

夫差見到這種情況，就逐漸對伍子胥產生了疑心，賜予伍子胥一
柄短劍，命其自殺，伍子胥在接過短劍的那一刻，大罵道：「還記得
當初邀請我和你一起管理國家，我都可以不為之動搖，現在你居然會
認為我對你不忠，我死以後，希望你不要後悔才好！」

之後，吳王夫差繼續對外宣戰，而且連連勝利，夫差自以為做中
原霸主的時機已經到了，於西元前四八二年，親自率領大軍北上，邀
請各個諸侯王於黃池舉行會盟。夫差把全國的精良部隊全部帶了過
去，算得上是傾巢而出，其目的就是為了顯示自己的強大實力，讓各
個諸侯王均臣服於自己，尤其是實力強勁的晉國。

夫差北上，只將一些老弱病殘留在國內，越王句踐當然知道這是
一個千載難逢的機會，於是立即發兵向吳國展開猛烈的攻勢。當時的
夫差正在忙著與諸侯會盟無暇東顧，不斷有使者前來報告軍情，他自
認為開弓沒有回頭箭，要是自己因此而軟下來了，別說是稱霸中原，
各個諸侯國國君不落井下石就已經是千恩萬謝了，於是一連殺死了七
個前來報信的使者。

等到夫差趕回國內，果然見到越軍前來襲擊，對自己的行為悔恨
不已，尤其是當初一意孤行，沒有聽從伍子胥的忠言，但是後悔已經

晚了，吳國都城已被攻破，太子友也一命歸西。越王句踐看到吳軍的主力回國，便立即下令撤兵，與吳國言和。

三年之後，越國又一次入侵吳國邊境，而此時的吳國已是強弩之末，根本不是越軍的對手，眼見越軍攻佔都城，夫差希望句踐可以和當初的自己一樣，「善待」自己，而句踐也於心不忍，有意放過夫差，但范蠡勸諫句踐，說：「上一次之所以會兵敗會稽，是上天的旨意，幫助吳國，但是夫差沒有遵從天命，現在我們有了這樣好的時機，所以大王一定不可以違背上天的意願，一定要殺了夫差，永絕後患。」句踐仔細思量之後，覺得很有道理，於是便要準備賜死夫差。夫差得知自己的死期已到，便自殺向伍子胥謝罪。夫差死後，吳國滅亡，從此淡出了政治舞臺。

秦孝公嬴渠梁──敢於變法圖強的明主

在戰國七雄當中，秦國是一個非常落後的小國，其它六國都欺辱秦國，不和秦國結盟，所以當時的秦國被叫做西戎。西元前三六一年，年僅二十一歲的秦孝公登基。秦孝公即位之初，秦國處於一片混亂之中，民心不穩。年輕的秦孝公腹背受敵，倍感壓力之大，之所以這樣說，是因為秦國當時外受強國的欺凌，內部王公貴族執掌大權，專橫跋扈。於是秦孝公決定發憤圖強，一定要改變秦國落後的面貌，讓秦國走向強大。

為此，秦孝公求賢若渴。為了求得賢才，秦孝公頒佈了「求賢令」：「若是有可以為我秦國出謀劃策，幫助秦國走向強大的人才，我一定會賜予他官職，甚至與他共擁天下都沒有關係。」而這時在衛國得不到重用的商鞅聽說「聞是令下」這件事，便千里迢迢從衛國來到秦國覲見秦孝公。

但是一開始商鞅對於秦孝公的真實目的並不是非常瞭解。在孝公第一次傳召商鞅的時候，商鞅說了許多「帝道」一類非常空洞的話題，以至於秦孝公「時時睡，弗聽」。在秦孝公第二次接見商鞅的時候，商鞅說得非常多，但同樣是一些「王道」之類的大話、空話，秦孝公對此非常不滿意。在第三次面見秦孝公的時候，商鞅與秦孝公談到了「霸道」的話題，秦孝公頓時感到「可與語矣」。

當孝公第四次召見商鞅的時候，商鞅「以強國之術說君」，而秦孝公「不自知膝之前於席也」，「語數日不厭」，表現出了自己求賢若渴的心情，同時，也表現了自己的寬容與耐力。同時商鞅還瞭解到，秦孝公實際上是一個非常講求實際的人，對那些空洞無物的大道

理根本不感興趣。多次與商鞅交流的過程中，秦孝公對商鞅的印象非常好，而且覺得商鞅變法想法非常獨特，積極支持商鞅變法。因此商鞅很快得到了重用。

改革本來就是推翻以前的舊體制，建立全新的體制，在歷史上，歷朝歷代的改革一定會觸及到許多既得的利益，也必然會遭受到來自各個方面的反對。對此，秦孝公並沒有實行任何強制壓迫的措施，而是將所有的大臣聚集到一起進行商討辯論，最終達到以理服人的目的。這樣，既可以讓主張變法的商鞅有話可說，也可以讓反對變法的甘龍與杜摯等人說話，秦孝公秉持公平公正的態度，讓他們一個個將自己想要說的東西全部都講出來，就好像是一場辯論賽一樣，到最後看看誰說得更有道理。一直到商鞅用無可辯駁的言論，讓反對變法的一派啞口無言的時候，才算得上「善」，才可以任用商鞅擔任左庶長一職，變法才可以實行。而這也充分說明了，秦孝公是一個聖明的君主，本著民主的心態，善於聽取大臣的不同意見，同時秦孝公也是一個善於統一思想的帝王。最後，商鞅用自己的三寸不爛之舌，戰勝了反對派，取得了變法的通行證。

秦孝公既然任用商鞅，就會對他的信任始終如一。在改革之前，商鞅曾經請求秦孝公應承他的三個條件，其中最重要的就是君主對於主持變法的大臣要深信不疑，不可以受到影響，中了別人的離間之計。否則，定會落得一個權臣死、法令潰的悲慘下場。秦孝公深知其中的利害，欣然答應了，還說：「三百年來，變法的有功之臣均死於非命，這本就是國君的罪過。你和我為君臣，您忠我一世，而我也定不負君！」孝公一言既出駟馬難追。也正是由於這樣的信任，才可以讓商鞅放開手腳大肆實行改革。

西元前三五九年，秦孝公發兵討伐韓國，戰績連連，一直攻至懷附近，並且在此地建築了殷。西元前三五六年，秦孝公任命商鞅擔任

左庶長實行變法。變法內容包括：制定嚴厲刑法，推行以法治國的政策，賞罰分明，獎勵軍功。不久，秦國突襲魏國，繼而進攻趙國，在元裡大敗魏軍，繼而攻下少梁。

西元前三五二年，秦孝公晉升商鞅為大良造，派兵進攻魏國的安邑城，大獲全勝。第二年，秦軍偷襲了魏國的固陽城，一舉攻入趙藺。

西元前三五〇年，商鞅實行第二次變法，秦孝公有意遷都咸陽，同時廢井田，統一度量衡，設置郡縣制。同年，孝公下令讓商鞅修築咸陽城。咸陽又被叫做渭城，第二年，秦孝公移都咸陽。秦孝公大力支持商鞅變法，西元前三四六年，太子駟觸犯了刑法，刑其傅公子虔，於是便有了「法大用，秦人治」的說法。自此之後，秦國逐漸建立了封建專制制度，讓秦國在最短的時間內成為政治制度最先進、經濟實力最強、軍力強盛的國家。

西元前三四一年，秦軍攻打魏國西鄙。第二年，商鞅協助秦孝公第二次進攻魏國，魏國是秦國統一六國的關鍵，若是成功，可以起到挾制諸侯國的作用，成就帝王霸業也指日可待。同年，商鞅用計將魏軍的大將公子印誘騙進入自己的圈套，一舉殲滅魏軍，魏王為了求和，迫不得已只能雙手獻上河西地。之所以可以如此順利，商鞅功不可沒。為了獎勵商鞅，秦孝公特地賜予商鞅商地，所以才有了商君和商鞅的稱號。

西元前三三八年，秦孝公去世。

燕昭王職——燕國輝煌時代的締造者

西元前三一四年，燕國內部發生內亂，政局動盪不安，內部紛爭不斷，齊宣王藉此機會派兵攻佔燕國，繼而攻克了燕國的都城，將燕國的國庫掠奪殆盡才肯罷手，收兵回國。

在齊國的大軍撤退之後，燕國便擁立了一位新國君，這個人就是燕昭王。燕昭王即位之初，勵精圖治，很有作為，當他看到自己的國家貧窮、衰弱，百姓不能夠安居樂業的時候，心裡很是難過。所以燕昭王發誓一定要讓燕國強大起來，一定要讓燕國的百姓過上幸福安樂的生活，將來一定要和齊國決一死戰，一雪今日所受的恥辱。

燕昭王心知肚明，如果想要國家走向富強，第一步就是要有可以輔助自己治理國家的賢臣謀士。於是，他立即發佈命令四處招集人才，但是過了好久，他連一個可用之才都沒有找到。正當燕昭王一籌莫展的時候，有一個人對他說道：「據我所知，咱們國家的元老級人物郭隗非常有才幹，頗有見識，您可以請他出山，請教一下他，看看他有什麼好的辦法。」

第二天，燕昭王親自來到郭隗的家裡，他誠心誠意對郭隗說：「看到自己的百姓受苦受難，我實在於心不忍，所以我想要自己的國家富強起來，等到時機成熟，向齊國雪恨，但是久久沒有人才可以任用，您有什麼方法可以幫助我找到治理國家的人才嗎？」

郭隗見燕昭王如此誠心誠意，便說：「其實，老臣也沒有遇見過非常有才識的人，實在沒有現成的人才可以介紹給您，但老臣聽說過這樣一個故事，可以講給您聽，希望您聽後，可以悟得其中的道理，對您今後有所幫助。」

燕昭王滿口答應：「好的，那麼請您開始講吧，我聽著就是。」

郭隗說：「在很久很久以前，有這樣一位君主，他對千里馬情有獨鍾，可以說是到了癡迷的程度，因此派人四處給他找尋千里馬，但是三年過去了，連一根馬毛都沒有找到，國君大怒。但是後來有一個大臣瞭解到在遙遠的地方，有千里馬的蹤跡，他便對國君說道：『大王，我可以為你去找千里馬，但是我有一個要求，請您賜給我一千兩金子，我有了這些金子，就一定可以幫您將馬買回來的。』

國君一聽，龍顏大悅，立即下令賜予那位大臣一千兩金子，命他務必要將千里馬尋來。於是那位大臣快馬加鞭、日夜兼程趕往賣馬場，但是當那位大臣匆匆趕到的時候，那匹千里馬已死。那個大臣害怕極了，怕自己兩手空空地回去，會受到國君的責罰，可能還會因此丟了性命，所以拿那一千兩金子將千里馬的骨頭買了下來。

回國之後，國君見到那位大臣買回來的只是一堆骨頭的時候，立即龍顏大怒，用非常嚴厲的口吻怒罵那位大臣：『我是叫你去幫我買千里馬，誰知你竟然買了一堆死馬的骨頭回來，你可知罪嗎？』而那位大臣卻不慌不忙地說道：『若是百姓得知您連已經死了的千里馬都可以花這樣大的價錢買回來，您還擔心別人不爭著搶著把活著的千里馬賣於您嗎？』國君聽後半信半疑，便再沒有責罵那位大臣。國君花重金買千里馬骨頭的事情立刻在城裡傳開了，人們都知道當今君主是一位惜千里馬如命的人，在短短一年的時間裡，各地的百姓就給國君獻上了好幾匹品種純正的千里馬。」

燕昭王聚精會神地聽著這個故事，逐漸陷入了深思。

郭隗接著說：「若是您想要得到人才，不妨先將老臣當作千里馬的骨頭試一試，您意下如何啊？」

燕昭王茅塞頓開，明白了郭隗講這個故事的用意，於是他便立即回宮，下令為郭隗造一幢豪華的房子，讓他可以安享晚年，把郭隗當

作自己的老師一般對待。這件事情立即在民間傳開了，其它諸侯國的人才也知道了燕昭王是一個重視人才的仁君，因此紛紛來到燕國，希望可以為燕昭王效力。不久，燕昭王就聚集了一大批可用之才，其中有一個人非常出類拔萃，頗具才幹，這個人就是樂毅。

在燕昭王的不懈努力之下，燕國一步步走向強大，這個時候的齊國，齊宣王已經離開人世，他的兒子齊閔王自然而然地成為齊國新一任國君，而這個齊閔王是一個驕傲的傢伙，不斷派軍隊攻佔其它國家，早已失去民心，很多國家都開始向齊國報仇。

西元前二八四年，燕昭王任命樂毅為大將軍，聯同秦國、趙國、韓國和魏國等國家一同出兵攻打齊國，齊國寡不敵眾，就連自己的都城也沒能守住。燕國大勝，齊國的國庫被燕國軍隊搜刮殆盡，搬回了燕國。燕昭王終於沒有辜負人們的期望，實現了自己的願望，逐漸讓國家走向強大。

趙武靈王趙雍──推行「胡服騎射」的賢主

　　由於趙國地處北面，並且與胡人接壤，使得趙國與胡人之間打了不少大大小小的戰爭，趙國和胡人的頻繁接觸，也加強了雙方在社會文化方面的交流。在趙武靈王即位之後，面對趙國嚴峻的現狀，他勵精圖治，積極治理國家。其實，趙武靈王這個稱呼是後人追加的。

　　胡人最大的優點就是十分擅長馬上騎射作戰，這與他們所穿著的衣服有很大的關係。胡人穿的上衣為短衣緊袖、皮帶束身、腳穿皮靴，這使得他們的士兵在馬上能夠很方便地和敵人作戰。而那時的中原人都身穿著寬袖長袍，在馬上行動很不靈活。若論用兵的計謀和車兵的實力，胡人肯定比不過中原各國了，但是，單拿騎兵來說，那麼中原各國就無人能夠與之相抗衡了。趙武靈王也正是看中了這一點，才決定好好學習胡人的這個長處，從而來發展趙國的軍事。

　　趙武靈王想好之後，就把想讓百姓穿著短衣胡服這件事告訴了他的親信大臣樓緩，樓緩這個人既聰明又能幹，在聽完趙武靈王的這個想法後，立即表示十分同意。之後趙武靈王又找來當時的相國肥義，與其商量此事是否可行。肥義聽完這個想法後，當場就表示非常贊同，並鼓勵他說：「做大事的人就不能猶猶豫豫，否則就會蛇鼠兩端必然會一事無成。我聽說過，舜曾經就向有苗氏學習過他們的舞樂，而大禹治水時途經『裸國』時，也入鄉隨俗，很自然地光著膀子。因此，改變穿著服裝的習慣也不是一件不可行的事請，只要是利國利民的事，我們就應該果斷地去做！」

　　相國肥義的這一番話，讓趙武靈王更加堅定了改革的決心。他很快命人找來了一套胡服穿在了自己的身上，並且發誓道：「我下定決

心要改變趙國百姓穿著衣服的習慣，同時也要騎射教民。如果世人要嘲笑我的話，就讓他們嘲笑去吧。不管怎麼樣，我都要這麼做，因為我下定決心將來必須要拿下胡地和中山國，所以改革必須實施。」

要去改變人們早已經習慣的做法，還是有很大難度的，畢竟這是祖祖輩輩經過無數歲月變遷留傳下來的一種穿著樣式，如果有人想要去改變它，恐怕人們一時還不能接受，更何況這是在學與他們世代為敵的胡人的穿著樣式。趙武靈王自己也知道做成這件事會很不容易的，所以他就先派人去告訴了在朝中最有威望的大臣公子成——趙武靈王的叔父，說不但自己將要穿著胡服，並且想要改變趙國的穿著樣式，希望叔父支持。

公子成聽完這話之後大為震驚，並且執意反對，他說：「如果你真的這樣做了，就會使趙國被那些中原各國看作蠻夷之邦，那時如果想要與這些國家再搞好外交可就會更不容易了，所以我堅決不能同意此事！」趙武靈王知道公子成的看法後，就身穿胡服親自去拜訪了公子成，並很誠懇地對他說道：「我之所以這樣做也是為了將趙國發展得更加強大，並且還可以很好地對付宿敵胡人和中山國，所以我希望叔父不要因為所謂的順從風俗而忘卻了那先人之恥，我們必須要報仇，因此一定要打下那中山國，這樣的小小的改變，對我們的大業有莫大的幫助啊！作為一個統治者，我們不僅僅要看到別人的優點，同時也要學過來為己所用，不斷提升自己國家的實力，來打擊毀滅一切敵人。」

公子成聽了趙武靈王的話後，幡然醒悟，認為他說得非常有道理，就欣然接受了這件事。到了第二天，這兩人都身穿短袖胡服去上朝，其它人看見了，都感到十分驚訝，認為胡服分明就是那野蠻民族的人才會穿著的服飾，大臣們牴觸情緒很大，但是又礙於本國君王的權威，也就勉強地跟著穿起了短袖胡服，拋棄了長袍寬袖的衣服。不

久之後，趙武靈王就正式下達了讓全國人都改穿胡服的法令，並且淘汰戰車，改為學習騎馬射箭。

不過此事在全國實施的過程中，也遇到了一些波折。那就是一些地方官員思想腐朽，很不贊同君主的這種做法，全國怨聲很大，甚至還有人認為趙武靈王根本就不適合當趙國的國君，但是這些地方上的官員又怎麼能撼動得了君王的地位與威嚴。在趙武靈王的積極說服和嚴厲的刑罰下，這些原本不配合的地方官員也只能乖乖地穿上了胡服，胡服騎射這個改革之風從此在全國快速蔓延。

在趙武靈王的帶領下，全國百姓的戰鬥力大大增強了，國家綜合國力也逐漸增強，不久之後，就輕鬆滅掉了「心腹大患」胡人和中山國。趙武靈王作為一個成功的君王，不僅僅有過人的智慧和精明的頭腦，同時還具有過人的膽識和敢於創新的決心，所以在秦國的楚懷王被囚禁之後，他依然敢隻身赴秦，窺探情報，所以他能把那個就快要被時代所淘汰並且奄奄一息的趙國重新推回了強國的隊伍之中。

後來，趙武靈王為了能一心一意地對付北面的胡人，就將其王位傳給了自己的兒子公子何，就是後來的趙惠文王。而自己則號稱「主父」，所以後世之人所稱的趙主父說的其實就是他了。其實那時中原各國國君都看得很清楚，趙國之所以能得到如此迅速的發展，都是趙武靈王的功勞，因此誰都覺得沒有必要將現在的這個趙王放在自己的眼裡。而此時秦國也在經過變法後得以迅速地崛起，並且對楚國和魏國採取了棍棒加蘿蔔，軟硬兼施，拉攏打壓，所以使得這兩個國家也不得不屈服。趙國很怕秦國的下一個目標會是自己，所以就很自然地將秦國看成了一個潛在的敵人。

趙武靈王在位期間，和中原地區的各國都很少發生爭執，而且他又派了一些人潛伏到了其它國家，充當間諜，來監視窺探各國動向，而這其中最出名的要數樓緩了，他被派到了秦國，說他出名是因為這

位間諜的職位可是非常高的，他在秦國就是君主之下第一人的一國之相了。趙武靈王並不滿足單單從樓緩那得到秦國的情況，為了能更好地查清秦國的真實實力，他決定化裝成為樓緩的一名僕人，跟在樓緩左右，借機混到了秦國當時的都城咸陽，而此時秦國正是著名的秦昭王當權。很多人都知道秦人是個很不講信用的民族，所以樓緩就曾經幾次勸阻過趙武靈王，希望他盡快離開秦國，趕緊回到趙國，但是卻被後者拒絕。

趙武靈王自從來到秦國後，就天天觀察秦國當地的一些民情風俗和路過的一些關卡守軍，深入瞭解了一番秦國的情況，作為親信的樓緩總是在一旁勸說趙武靈王不可久留秦國，以免被人識破。可是趙武靈王卻提出要在離開秦國之前，見一見當時秦國的兩個實權者——秦昭王和宣太后，樓緩感覺很是無奈，也很想知道他又要搞什麼鬼，就只好帶著他求見秦昭王和宣太后。

好在趙武靈王退位後即便是在自己的國家內也很少拋頭露面，也只是在本國的一些軍中之人面前露過面，因此只有很少的軍人對他比較熟悉，而除了他少年之時曾與韓魏兩國當時的國君見過面之外，趙武靈王這個人幾乎就沒有什麼機會和外國人打交道。而此次趙武靈王之所以堅決要去見秦昭王與宣太后也並不只是一時興起，而是想親自去瞭解這對傳說之中的母子的為人，以便日後在面對秦國作戰之時能夠做出良好的應對決策。由於樓緩與宣太后和秦昭王有一些私交，所以能夠得到兩人的同時召見。

在為了接見樓緩而準備的宴會上，秦昭王和宣太后都發現了那個向來以風採自傲的樓緩竟對他身後的那個隨從頗有些屈順之意，這不禁使兩人對那個隨從的身份好奇起來。後來，兩人借機觀察這名隨從，都感覺這個中年男子氣度非凡，兩人還主動問他問題，從這名隨從回答問題中，他們兩人更是發現這個人的胸懷與他的見識很是了不

起。母子二人雖然產生了欽佩之情，但是更多的是懷疑，懷疑此人的真正身份。

樓緩也在暗地觀察著秦昭王母子，看到母子二人已經有些懷疑，就覺得大事不好，果斷決定帶趙武靈王盡快離開。同時趙武靈王也已經感覺到秦昭王母子兩人對自己的身份有所察覺，於是便也匆匆辭別了樓緩，偷偷地返回了趙國。在臨別前，趙武靈王很嚴肅地告誡樓緩，秦昭王母子二人都是人中龍鳳，請他務必要小心應對。

樓緩走後，宣太后與秦昭王就商討此事，越來越覺得樓緩的那個隨從絕非等閒之輩，並且已經認為他的來意必是一個趙國的極貴之人來秦國想要窺探軍情的，有可能就是趙武靈王。於是，就速派使者再請一次樓緩與那個非凡的隨從，讓兩人晚間的時候再到王宮來做客。派去的使者回來報告說，樓緩很痛快地答應了，並且說會準時赴宴。

晚間，樓緩如約赴宴但是卻不見之前的那個中年隨從了。樓緩解釋說自己覺得那個隨從在上次宴會上有所失禮了，已經把他遣回趙國去了，讓他回去反省。樓緩這樣做，就使秦昭王母子二人更加堅定了他們的判斷，一致認定那個人就是很少在外國露面的趙武靈王，於是迅速派精騎想要把他追回來。但是即使精騎一路飛快地狂奔，最後追到邊塞也沒有見到趙武靈王，而此時趙武靈王已經安全地回到了趙國。

趙武靈王在還沒有退位之前，就已經早早立了公子章為趙國的太子，但是後來卻又因為他很寵愛公子何的母親吳娃，就廢了公子章改立公子何為太子，也就是後來的趙惠文王。其實當時趙武靈王只是想讓國內有個安定的環境，他覺得有個君王總會比群龍無首強，並沒有考慮太多，而自己也好騰出更多的時間來計劃如何去攻打中山和北胡。不過就在他打敗了中山和北胡之後，他卻又開始有些後悔了，覺得不應該這麼早就把國家的權力交給兒子。而隨著與公子章的接觸，

他又認為自己很是對不起公子章，想要對公子章做出補償。於是他就讓公子何給公子章封了賞地。從此，公子章自立門戶，有了自己的勢力。

其實，公子章的心裡也十分窩火，他本來就是太子，本來可以順利地當上趙國的君王，卻不料這一切都被公子何搶了去，他很是不甘，但是他又見大局已定，自己現在已經無法挽回了，於是就與手下密謀想要殺害公子何，發動叛變，奪得王位。所以他就假傳趙武靈王的命令要召見公子何，不料這一切卻被大臣肥義輕易看穿，於是肥義就對公子何說道：「大王，我看還是由我先去看看吧，如果趙主父沒有什麼大的事情發生，你晚些再去也不遲呀！」惠文王仔細一想，也覺得此事有點蹊蹺，這要是有心之人的陰謀，自己豈不要白白地去送死嗎？就很痛快地答應了肥義的建議。後來，肥義到了公子章那裡，就立馬被等候已久的人給殺害了。

趙惠文王得知公子章叛亂之後，就立即派人去捉拿公子章，但是公子章卻早早地跑到了沙丘宮，也就是趙武靈王退位後所居住的宮殿，尋求趙武靈王的幫助，而趙武靈王也收留了他。同時，李兌與公子成很快趕到了沙丘宮，參加平叛。兩人就這件事進行了商量，他們覺得：若是放了主父，那麼就一定會被趙惠文王追究責任。於是這兩人就密謀決定一不做二不休，困守在沙丘宮，切斷糧食和水的來源，困住趙武靈王和公子章。

沙丘宮被困了三個多月之後，有人進入其中，發現趙武靈王和公子章兩人都已經被活活餓死在了沙丘宮裡。趙武靈王可謂是戰國時期的一代明君，是非常有作為的君主，他不僅大大發展了國力，使趙國變得強盛，對外作戰也是勝多負少。可就是這樣一代君王卻死於非命，真是讓人感到可惜。

晉悼公晉周──晉國霸業的復興者

　　自從楚莊王擊敗晉國軍隊稱霸中原之後，晉國一直處於低谷期，一直到晉悼公登基之後才有所好轉。晉悼公登基的時候年紀非常小，但是才幹卻很驚人，這讓大臣以及各個諸侯國大為吃驚。

　　在楚莊王稱霸中原之後，晉國一直處於內憂外患的環境中，曾經兩次出兵攻打楚國均沒有勝利，於是便再也不敢南下了。對於自己的鄰國齊國，也不敢輕舉妄動，所能做的就只是拉攏一下周圍的小國，但是這根本於事無補。

　　而十四歲的晉悼公就在這樣的情況下登基做了君主，由於年紀尚小，所以，很多的貴族卿室都沒有將他放在眼裡，只覺得他是一個乳臭未乾的小兒，不可能有什麼作為，一個個虎視眈眈注視著他。

　　雖然晉悼公僅有十四歲，但是他卻聰慧過人，尤其在治理朝政方面更是頗具天賦。晉悼公怎能不知道他們的心裡在想什麼，所以從即位的那一刻起，便表現得從容不迫，言語之間均透露出王者的霸氣，舉手投足更是帶有一個君王的氣勢，在與大臣的交談過程中不卑不亢，真是叫人刮目相看，讓諸位大臣不得不重新審視這位年輕的國君。

　　當時，晉國大夫獨攬大權，威望很高，眾位大臣都看他的眼色行事，之所以會出現這樣的情況，主要是由於趙盾，讓晉國大夫的地位迅速提升。晉悼公登基之初，許多權臣大多數都是元老級人物，在朝堂上說話的分量非常重。對此，晉悼公採用軟硬兼施的策略，一方面極力壓制這些權臣的權力，另一方面對他們的兒孫大行封賞，厚待他們。為了更好地治理自己的國家，晉悼公還進行了一次人口大普查，

不過僅限於朝廷大臣，對他們進行了詳細地剖析，對於每個人都有了大致的瞭解。與此同時，晉悼公還把晉厲公統治時期的所有亂臣賊子統統斬首，以表明改革的決心，起到殺一儆百的作用。

晉悼公這種雷厲風行的行為一時間讓晉國大臣和百姓都不敢小看了這位年輕的君主。但是在晉悼公看來，組改內政才僅僅是一個開始，緊接著，他實行了一系列大刀闊斧的改革，對於那些有才能的人，晉悼公都給予重要的官職，甚至會破格提拔。這就讓國內很多有才能的人都踴躍自薦，在一定程度上避免了人才外流的現象，就連附近一些國家的百姓聽說這件事之後，也爭相投奔晉國。

不僅如此，這位年輕有為的國君對於教育同樣非常重視，目的就是為了給國家培養出可用之人。在軍事方面，他同樣很有作為，為了增強國家的軍事實力，他破格提拔了許多有才能的將軍。與此同時，他還大刀闊斧進行軍隊改革。對於全國的百姓，他採取的是撫恤策略，目的在於穩固民心，主要包括減輕賦役、救濟貧困、減少農稅等內容。晉悼公的做法得到了百姓的認可，對他亦是極其愛戴和敬仰。

就這樣，在短短不到一年的時間裡，全國上下就發生了很大的變化，完全可以與文公時期相媲美。帝王家果然是人才輩出，一個不滿十五歲的孩童就能有如此大的魄力，非常難得。

位於南邊的楚共王在聽到晉厲公慘遭殺害，如今新帝剛剛即位，而且還是一個乳臭未乾的小娃娃時，做夢都想要進攻晉國，但就在他準備北上攻晉的時候，卻聽到如今晉國在晉悼公的管理之下，國泰民安，一片繁榮，他被迫只能暫時放棄了討伐晉國的計劃。

但是，楚共王野心勃勃，怎麼可能就此放棄北上的計劃，他又想出了另外的計策，教唆鄭國前去攻打晉國的盟國宋國。當時的鄭國是楚國的附屬國之一，怎敢不唯命是從。之後，楚國便前去增援聯合攻打宋國，企圖一舉將宋國殲滅，這樣就可以對晉國產生威脅，還可以

擴充自己的疆域。宋平公眼見國家不保，連忙向晉國告急，請求支持。

晉悼公召集大臣進行商議，正卿韓厥進言：「大王若是想要成就霸業，就必須應承宋國的請求，前去支持！」晉悼公欣然同意，果決地說道：「出兵！」為了鼓舞士氣，晉悼公御駕親征，楚軍見狀竟然不戰而退。由此可見，雙方交戰，士兵的氣勢非常重要，而君王御駕親征目的就是為了讓本國的士兵知曉，我們的君王來了，你們沒有理由不竭盡全力。

這時候的宋國仍然有很多失地沒能收回，晉悼公知道憑藉一己之力不可能擊敗楚軍，便和齊、衛等諸侯國簽訂盟約，各國君主共同商議打算一舉進攻楚軍。宋平公請求攻佔彭城，晉悼公便率領聯軍一舉進攻彭城。大軍浩浩蕩蕩來到那裡，其守城的將軍見到敵人的氣勢如此龐大，不戰而降。

這一次出兵，齊國沒有參加到隊伍當中，雖然齊靈公遣人參加了此次會盟，但是並沒有派出一兵一卒，齊靈公的這種行為惹惱了晉悼公。自古以來，就有攘外必先安內的道理，內部的根基都不夠穩妥，何來向外進兵。對此，晉悼公率領聯軍前去攻伐齊國，目的就是為了樹立自己的威信。齊靈公見狀十分擔心，立即下令將自己的兒子送去做人質，以求得與晉國重新結盟，晉悼公這才就此作罷。內部的聯盟問題得到了處理，晉悼公便開始了無休止的征戰，首當其衝便是鄭國。由於鄭國的軍事實力強大，而且有楚國作為後盾，所以晉國花了很大的勁兒才讓鄭國和晉國結為盟友。

眼見晉國的攻勢越來越猛，楚國依舊不認輸。於是，晉悼公便與吳國聯手，對楚國實行兩面夾擊的策略，晉國的這一做法非常見效，遭到重擊的楚軍立刻驚慌失措，疲於奔命，主力部隊立刻成為一盤散沙，楚國大敗，吳國與晉國均得到了不小的滿足。

　　然而還有一個最強大的對手在等待著晉悼公，就是位於西邊的老虎——秦國，它一直虎視眈眈地看著中原這片沃土，作為一個旁觀者，看著晉國和楚國長時間征戰，便將自己的兵力全部調到了東面，趁機出兵攻打晉國。於是雙方在櫟地展開激戰，結果是可以預見的——晉軍遭到重創，主要是因為晉國之前完全沒有任何防備，再加上秦國又是偷襲。

　　對此，晉悼公龍顏大怒，立即下令率領軍隊返回國內，但秦國始終是他的心腹大患，他不想輕易放棄，於是便召集各諸侯國聯合起來，其規模之大、範圍之廣可以和齊桓公的聯盟相媲美。聯盟之後，晉悼公理所當然地成為新一任霸主的不二人選，榮登霸主的寶座，隨即悼公便下令聯軍伐秦。

　　但是，上天並不眷顧這位年輕有為的君主，就在聯盟如火如荼的時候，晉悼公卻因疾去世。晉悼公逝世時，還不滿三十歲。

鄭莊公寤生——小霸中原的政治高手

　　在中國封建社會中，身在王室的人們會不可避免地捲進王權的鬥爭中，縱觀歷史，這儼然成為了一個亙古不變的真理。對於那些帝王來說，為了鞏固自己的江山，穩保得來不易的王位，在必要時就要狠狠打擊那些圖謀篡權的人，有時還會採取引蛇出洞、欲擒故縱等一系列策略，而鄭莊公就是其中一個。

　　鄭莊公雖貴為一國之主，但是卻不招母親武姜的喜愛，原因是鄭莊公出生的時候，武姜差一點難產而死。在武姜的眼裡，鄭莊公是一個不祥的孩子，從此之後便對莊公心生厭惡。就是這樣一位母親，在確立鄭莊公為太子的那一天，就開始到處說鄭莊公的壞話，但是卻擋不住一個父親對兒子綿綿不斷的愛。

　　鄭莊公登基之後，武姜對鄭莊公的態度依舊非常冷淡，甚至為自己的小兒子共叔段出謀劃策，希望讓共叔段代替莊公自行稱王。首先，鄭莊公賜給共叔段「制」地，但是武姜沒有一絲滿足，竟然得寸進尺，要求再賜給弟弟一個名叫「京」的地方，鄭莊公沒有拒絕，欣然答應了。自此之後，共叔段便得了一個「京城大叔」的稱號。

　　共叔段靠著母親對自己的疼愛，覺得哥哥對他無計可施，便肆無忌憚不斷地擴充自己的勢力，企圖和鄭莊公相抗衡。沒過多久，共叔段便將勢力擴展到西部以及北部的大部分地區，這就充分暴露了他的反叛之心。為此，他不斷地集結兵力，大興土木，修治城郭，製造武器，集結士卒與戰車，準備立即偷襲都城。同時，他還和母親武姜進行了一番商議，決定裡應外合，一舉奪得國君的寶座。

　　即位之後的鄭莊公知道，自己即位母親甚是不悅，對於母親和弟

弟意圖奪權的陰謀同樣心知肚明，但是他卻選擇了沉默。鄭莊公二十二年，在武姜的教唆之下，共叔段親自率領大軍預備襲擊鄭都，武姜匆匆趕往準備開城接應。鄭莊公在得到共叔段準備起兵的密報之後，說道：「是時候該動手了！」立即下令派公子呂率軍討伐共叔段。舉國上下聞訊，紛紛指責共叔段的行徑。眼見自己就要不容於天下，共叔段便下令退兵返回京城，沒有想到的是，鄭莊公早已經在此恭候多時了，一時間共叔段陷入進退兩難的境地，立即向鄢地潛逃，並在逃亡的途中自殺了。鄭莊公在聽到這件事之後，深深歎了一口氣，說：「你真的是太傻了，為什麼要走上這條不歸路呢！」

鄭莊公一舉平定了叛亂，成功地處理了這場內政風波，在一定程度上實現了國家的統一，同時也為稱霸中原埋下了伏筆。西元前七二一年，也就是在平息了共叔段謀叛的第二年，鄭莊公便發兵討伐自己的鄰國衛國。自此之後，鄭莊公便走上了一條對外擴張的道路。

鄭莊公登基之後，以強盛的國力為基礎，又兼具周室權臣的地位，於是便開始連年征戰，不斷討伐諸侯，接連取勝，進一步擴充了自己的疆域，增強了鄭國的軍事實力。從軍事外交方面來看，他採取拉一個打一個的策略，拉攏齊、魯兩個諸侯國，討伐和削弱衛、陳、蔡、宋四國，繼而消滅了許國，一時間「小霸」局面生成。

但是，鄭莊公並沒有因此停下腳步，憑藉自己優秀的政治才能，鄭國逐漸強盛，周平王害怕朝政大權被鄭莊公一手掌控，所以刻意削減鄭莊公的權力，預備將事權交到虢公的手裡。鄭莊公心生怨言，再加上周平王一向畏懼鄭莊公，也只好極力否認這件事。但是莊公不信，於是就有了「周鄭交質」的典故，也就是說周平王將自己的兒子留作鄭國的人質，而鄭國公子忽同樣要前往周國做人質。

鄭莊公二十四年，周平王不幸離世，周桓王繼承大統。鄭莊公曾先後兩次出兵收割周王室溫地、成周的莊稼以顯示其威嚴。因此，周

桓王對鄭莊公的行為極為惱火，準備採取強硬手段制止鄭莊公。西元前七一七年，鄭莊公朝見周朝天子，周桓王想要藉此機會殺一殺鄭莊公的氣焰，故意對他無禮。之後，又任命虢公擔任周室右卿士一職，目的就在於分莊公的權力。與此同時，周桓公勵精圖治，開疆拓土，頻頻擴充自己的勢力。

鄭莊公三十年，北方的一個游牧部落北戎進攻鄭國，鄭莊公採納了公子突的建議，一舉擊敗了北戎的進攻。

鄭莊公打了勝仗，心裡極為高興，但對周桓王分割自己權力的這件事，他自然不會忍氣吞聲，善罷甘休。從被分權力的那一刻起，便決定不再朝覲周桓王。一向心高氣傲的周桓王怎麼會容忍鄭莊公如此的無禮犯上，因此，兩國之間的矛盾已經到了一觸即發的境地。西元前七〇七年，周桓王親率周軍連同陳、蔡、虢、衛等諸侯國的大將大舉討伐鄭國，一場百年浩劫就這樣在中原的戰場上爆發了。

鄭莊公聽到周室聯軍已經傾巢而出正在趕往自己的國家，於是親自率領大軍出征迎擊。很快，兩軍便相遇在繻葛一帶。

面對大軍壓境，鄭莊公顯得孤立無援，情況萬分緊急，即刻召集各位將軍商量對策。公子元經過一番思索，認真分析了周、蔡、陳、衛聯軍的情況，將此次周軍聯營分析得非常透徹，最後得出的結論是：鄭軍應該首先擊破周室聯軍最為脆弱的左右兩翼，之後再集結兵力打擊周桓王的聯軍主力——中軍。公子元的分析極具合理性，所以鄭莊公欣然同意了。再加上鄭莊公本就是一位非常善於接受新鮮事物的君主，因此，高渠彌提出的新戰術新建議被他採納了。

會戰終於拉開了序幕，鄭莊公任命大夫祭仲為左路指揮，攻打周右軍，首先攻擊聯軍的最弱防線蔡、衛兩軍。冊封大夫曼伯為右路指揮，率領軍隊攻打周左軍，之後再一舉攻擊聯軍的附屬軍隊的陳軍。同時，拜大夫原繁做中路指揮，剩餘的將領，如高渠彌、祝聃等也都

積極參與到指揮作戰中。最後，鄭莊公親自率領精銳部隊——中軍，掌握全盤局面，指揮作戰。軍旅紀律嚴謹，「旗動而鼓，擊鼓而進」，違背軍令者，立斬無赦。

周、鄭的孺葛之戰迫在眉睫，周軍的進攻顯得略微有些遲緩，周桓王被鄭軍的陣容嚇破了膽，遲遲不敢出兵攻擊。正在周軍猶豫不決的時候，鄭莊公果毅地揮動旗幟發出進攻的號令。鄭大夫曼伯負責指揮右路軍隊，首次向聯軍的左軍發起進攻，周左軍將領衝鋒陷陣，但是士兵猶如一盤散沙，毫無鬥志，一觸即退，落荒而逃。相反，鄭軍的士氣高昂，在後面窮追猛打。周左軍指揮在鄭軍猛烈的攻勢下，亂作一團，在短短幾個時辰內就被鄭軍擊破潰走。這時，祭仲所率領的鄭左軍，意氣風發，開始猛烈攻擊周右軍，周右軍的附屬軍隊蔡、衛二軍即刻潰敗。但是，周右軍將領虢公林父指揮淡定，士兵的鬥志非常高亢，奮勇迎戰，在一定程度上扭轉了戰局。鄭軍前進的道路受到阻礙，周軍右翼的陣勢浩大、穩定，奮力一搏，有力地掩護了中軍主力免受更大的損失。戰事逐漸穩定下來了。

之後，鄭莊公趁勝追擊，發動新一輪的攻勢，這一次將矛頭直指周聯軍的中軍陣營。鄭莊公隨即下令讓原繁的中軍直接進攻周的中軍，與此同時，下令叫曼伯所率領的鄭右軍在周中軍的側面發起攻擊，頓時周中軍陷入了兩面夾擊的危險處境中。周桓王非常不幸中箭受傷，大傷士氣，匆匆脫離了戰場。祝聃等立即建議鄭莊公乘勝追擊，以取得更大的戰果，但是被鄭莊公當場拒絕。周、鄭的孺葛之戰，就此告一段落。

戰勝之後，鄭莊公為了表示自己尊王的禮節，特意派大夫祭仲前去慰問身受重傷的周桓王以及他的左右隨從，給周桓王一個下臺階的機會，使得雙方的關係沒有鬧到徹底破裂的地步。既贏得了利益，顯足了威風，又留有了餘地，杜絕了後患，左右逢源，一石二鳥，這是

鄭莊公戰略意識高度成熟的顯著標誌。從這一點就可以看出，鄭莊公不愧是一位政治高手，不管是好人還是壞人他都做了！

當然，繻葛之戰是關鍵性的一戰，對當時局勢的影響之大是可以預見的。經過繻葛之戰之後，周天子的威嚴掃地，其威信也從此一落千丈，「禮樂征伐自天子出」的傳統也就此取消了。相反，鄭莊公提高了自己的威望，聲威大震。宋、衛、陳等宿敵紛紛前來求和，一時間，鄭國成為了中原實力最為強大的諸侯國。

西元前七○一年，鄭莊公和齊、衛、宋等大國的諸侯王結成盟友，鄭莊公儼然已經具備了一位諸侯霸主的風範，這也同樣標誌著「禮樂征伐自天子出」的時代已經結束，而諸侯爭霸的亂世時代正式到來。

秦昭襄王嬴則——最有才幹的諸侯王

　　在戰國晚期，毫無疑問，秦昭王是所有諸侯國中最有才幹的君主，即使在秦國也是一樣。趙武靈王所能做的就只是閉門發展國家的國力，但是秦昭王卻非常不同，他可以通過向外不斷進兵，憑藉自己強大的國力，最終將六國打得慘不忍睹，即便是趙國，也同樣不能免遭厄運。

　　秦昭王即位之初，由於年幼，因此，宣太后獨攬大權，但許多軍事大政他也會積極參與，而且在一定程度上占主導權，關於發動對楚國的戰爭以及俘虜楚懷王等，都是秦昭王的主意。當然，這些都要在穰侯與宣太后同意之後才能執行。宣太后和穰侯之所以如此，並不是為了掌握權力從而放棄國家利益，只是希望秦昭王可以少走彎路，不想自己辛苦打下的天下拱手讓與他人，所以只要是對秦國有利的策略，他們都會毫不猶豫地表示贊同。

　　雖然秦昭王年紀尚小，但是看問題卻很透徹，他很早就已經看準楚懷王是一個昏庸無能的君主，所以剛剛即位就開始了對楚國的打壓政策，頻頻出兵討伐楚國，而且均大獲全勝，不但奪得了很多土地，擴充了自己的疆域，最重要的是楚國對秦國俯首稱臣，搖尾乞憐，從此再也不敢對秦國不敬了。

　　從張儀將魏國上下搞得人心惶惶之後，魏國進入低谷期，也不敢對秦國輕舉妄動，一時間變成了秦國的奴僕，但是在新一任君王登基之後，魏國便和其它的幾個國家結成聯盟，聯起手來抗擊秦國的進攻。秦國的士兵士氣高漲，作戰英勇，抵擋住了來自各國的連續進攻。秦軍之所以如此英勇，主要是因為之前的幾場戰役都大獲全勝的

緣故。

　　為了秦國的將來，秦昭王慧眼識英雄，拜白起為大將。自從任白起為大將之後，接連而來的戰爭頻頻發生，首先秦國抵禦韓、魏兩國的聯軍，在這一場戰役中，秦將共斬殺了聯軍的二十四萬將士，而且將魏國的大將軍公孫喜俘虜回國。這對於韓、魏兩國的打擊亦是可以預見的，二十四萬士兵就這樣在一場戰役中死亡，國家的大部分士兵均死在秦將的手中，被逼無奈，只能乖乖地向秦國求和，成為秦國的附屬國。

　　自此之後，秦昭王開始有一些自負了，自以為秦國已足夠強大，完全不把其它的諸侯國放在眼裡，便派出使臣千里迢迢來到齊國，希望與齊國國君一同稱「帝」。在當時，所有的諸侯都是以「王」自居，只是還沒有人敢稱「帝」，但是，秦昭王的這一舉動分明就是在告訴別人，他的地位高人一等，我根本就沒有將你們放在眼裡，這樣的狂妄之舉如何可以讓人承受。

　　齊滑王在秦昭王的鼓動之下，本想稱帝，但是其臣子卻深知其中的利害關係，極力反對。終於，在臣子的大力勸說之下，齊滑王打消了念頭。但是，秦昭王稱帝的心意已決，在孤立無援的情況下，只能自己稱帝。俗話說：樹大招風，稱帝如此大的事情，各個諸侯王又怎能夠忍氣吞聲，坐視不理呢？為了維護自己的尊嚴，於是諸侯國結成聯盟，準備進攻秦國，希望以此逼迫秦昭王放棄帝號，即使秦國的軍事實力再強大，也沒有能力可以以一敵六，秦昭王被迫只能暫時放棄了稱帝的念頭。

　　秦昭王這個人非常不講信用，不管對誰都是一樣，在一舉將楚國打敗之後，他便下令要秦國和楚國結成聯姻，但是秦昭王卻又在楚國完全沒有設防的時候再一次出手，攻佔了楚國的數座城池，甚至誘騙楚懷王進入秦國，意圖將他圈禁起來。

在趙武靈王進入秦國時，一不小心被秦昭王知曉。秦昭王竟然派軍隊前去追捕，這個時候兩國還沒有開戰，有一句話是這樣說的：兩國交戰不斬來使，一國之君更要優待了！關於孟嘗君，想必他從入秦的那一刻起，就是自己人生的當中噩夢的開始，他本以為秦國逐漸強大起來，國君又是一個很有作為的人，所以希望到秦國施展自己的才華，闖出自己的一片天地。但不料秦昭王聽信小人的教唆，將他關押起來，而且還要問斬。之後孟嘗君雖然被放出，但是秦昭王又出爾反爾，派人進行追捕。幸好孟嘗君素來門客很多，才得以順利脫險。

對於趙國而言，這種不義之事就更多了，首先是和氏璧一事，秦昭王用十五座城池誘換和氏璧，但是最後卻反悔不肯償付城池，只是一門心思想要人家的和氏璧。想想看，十五座城池到底是一個什麼樣的概念啊，秦昭王怎麼可能會因為小小的一塊玉璧就將大片疆域拱手贈與他人呢！之後就是和趙國會盟，繼而欺辱趙王，派大兵尾隨其後，若不是趙國先前就已經有所準備，趙王定會步懷王的後塵，死於非命。

不過這些荒唐事情的前提是秦國雄厚的實力，在此基礎之上，秦昭王才會如此放肆，雖然他不講信用，但是卻可以將秦國的國力逐漸發展起來，讓六國畏懼，不敢與之為敵。他任用白起，將韓、趙、魏、楚等國家的軍隊打得落荒而逃，更是一舉坑殺趙國的四十萬大軍，讓趙國損失慘重，從此一蹶不振，這樣看來秦昭王確實是一個非常有魄力的君主。

當范雎歸入秦昭王的麾下後，昭王開始重用范雎，甚至還讓范雎獨自掌管大權，施以范雎遠交近攻的戰爭策略，對自己臨近的諸侯國大肆進攻，讓敵方毫無招架的能力。

但是智者千慮，必有一失，這是亙古不變的真理。由於秦昭王求成心切，想借機一舉攻下趙國的都城邯鄲，但是天不遂人願，秦軍大

敗而歸。秦昭王並沒有從中吸取教訓，隨後，立即下令討伐韓國，只是韓國的國力弱小，雖然頑強抵抗，但是終不能幸免於難，十多萬士兵慘遭秦軍的殺害，秦昭王心裡得到一絲安慰。

然而，此次發兵，卻驚動了周赧王，於是他暗自與燕、楚等國聯手，決心和秦國一決雌雄。紙包不住火，這件事走漏了風聲，在秦昭王聽說此事之後，便暗下決心，一定要滅掉周室。

此時的周室已經淪落為一個三流的小國，即使是宋國的實力都要比它強大得多，秦昭王早就有了滅周的念頭，只是一直苦於找不到藉口，而這一次秦昭王終於可以借題發揮了。

但是，秦昭王沒有像以前對待其它國家那樣過分，他只是出兵將周赧王俘虜進秦國，但沒過多久就把他放了。這時的周赧王已經年老體衰，根本就沒有必要殺他了，秦軍也順便將周室的土地占為己有，周朝逐漸淡出了歷史舞臺。短短一年的時間，周赧王在憂鬱中死去，周朝便隨之滅亡了。

秦昭王殲滅周朝，此時他的事業也達到了巔峰，這時的秦國實力空前強大，無人敢與之相抗衡，再加上有利的地理位置，即使是六國聯手一起攻打，也沒有把握可以從中占到便宜。在滅周五年之後，秦昭王去世了。

政事波瀾半邊天——紅顏

西施──句踐復國的犧牲品

　　西施，春秋時越國人，又叫做西子，其天生美豔動人，男人無不為之傾倒。當時，越國戰敗，向吳國俯首稱臣，越王句踐忍辱負重，臥薪嚐膽，意圖復國。作為越國的百姓，在此國難當頭之際，柔弱的西施挺身而出，忍辱負重，獻身救國。西施和鄭旦一起被句踐進獻給吳王夫差，搖身一變成為了吳王夫差最寵愛的妃子。夫差為西施著迷，迷惑得他已經到了眾叛親離的境地，終日無心國事。這樣就為句踐的東山再起起到了一定的掩護作用。後來，吳國被越王句踐所滅。

　　西施在越國苧蘿的一個普通家庭長大。由於夫差成為了亡國之君，所以世人給西施冠上了紅顏禍水的罵名。沒錯，西施確實是一個天生麗質的美人，稟賦絕倫，連同一些皺眉撫胸的病態，也會被鄰女所效仿，所以就有了「東施效顰」的經典傳說。

　　在越王句踐登基的第三年，也就是西元前四九四年，吳王夫差在夫椒一戰中大敗越國，越王句踐被迫率軍後退駐守在會稽山附近，受到吳軍的圍攻，無奈之下只能向吳國求和，以至於後來越王句踐進入吳國作為人質，受盡淩辱。

　　忍辱負重多年，越王句踐終於得到釋歸的機會，而句踐對吳王夫差的個性也有了深入的瞭解，針對夫差好色的弱點，句踐與范蠡設計：「若是將臨浦苧蘿山的西施與鄭旦二人收服，獻與夫差，這樣我們復國的機會會更大一些」。正要打算將二人送給吳王的時候，越王十分寵愛的一個宮女卻說：「大王，現在還不是時候，西施與鄭旦二人雖然美麗，但是缺少韻味，而作為一個美人必須要具備以下三個條件：第一便是美貌，顯然二人已經具備了，這樣就已經勝利了一半；第二就是能歌善舞；第三點是體態儀表，這後面兩點可不是一日之

功，需要花時間來慢慢培養。」很顯然，在這三點中只具備了第一個條件。於是，越王句踐花了整整三年的時間，教西施、鄭旦歌舞、步履和禮儀。

而西施本人更是發憤苦練，在美妙優雅的歌聲中，翩翩起舞，姿態婀娜，令人著迷，緊接著便開始訓練禮節，經過長時間的磨煉，西施逐漸由一個浣紗女蛻變成為了一個有涵養的宮女，在其舉手投足、言行眉目之間，皆顯露出體態美，在待人接物方面，更是表現得十分得體。最後，越王句踐還差人幫她們製作了華麗得體的服裝。

在做了大量的準備工作之後，越王句踐派人日夜兼程，將西施與鄭旦送到了吳王夫差的面前。吳王夫差見到西施，頓時就被西施的美貌迷住了，龍顏大悅。在西施進入吳國的那一天起，吳王夫差便對她寵愛有加，每日形影不離，視為掌上瑰寶。

春秋季節，夫差便與西施居於姑蘇臺，到了冬夏季節，便整天在館娃宮飲酒作樂。自此之後，吳王夫差每天和西施飲酒取樂，玩花賞月，彈琴賦詩。在靈巖山上，有一眼清泉，吳王夫差專程叫人去此處為西施取溫泉，為西施梳妝，有時甚至還親自為美人梳理秀髮。有的時候，吳王夫差還會同西施一起泛舟採蓮，或是乘坐畫船出遊，偶而會騎馬打獵。總之，吳王沉醉於美色之中，不能自拔，常年居住於姑蘇臺、館娃宮中，將國家大事統統拋至腦後。就連伍子胥想要面見吳王，都是難如登天，多數都會被拒之門外，只有太宰伯嚭時常陪在吳王的左右。所以吳王夫差每天所能夠聽到的，均是一些阿諛奉承之言。這樣一個自負的君主怎會想到自己已經慢慢走向了亡國的深淵。

既然西施每天陪伴在吳王夫差的左右，形影不離，那麼她對吳國的軍事機密、內部矛盾、政治鬥爭等，必然是無所不知。作為「美女間諜」自然少不了會趁機向越國報告她所知道的秘密情報，不僅這樣，她還巧施離間計，挑撥吳王夫差和大臣之間的關係，尤其是吳王

夫差和伍子胥之間的關係，時不時在吳王夫差面前說幾句，吹一下枕頭風。可以想見，西施說話的殺傷力不知要比伯嚭的話大上多少倍。最後，吳王夫差賜劍讓伍子胥自刎，恐怕也是在西施的挑撥之下吧。

吳王夫差逐漸失去了民心，眾叛親離，吳國一天天走向衰落。這時候，令他意想不到的一幕發生了，越王句踐率領軍隊長驅直入，逐漸逼近吳國都城，給吳王夫差一個措手不及，根本沒有還手的機會。越王句踐苦心經營的計謀終於在這時候得到了回報，吳國逐漸淡出了政治舞臺。

作為越王句踐復國過程中最重要的人物，西施的下場並不樂觀，關於她的結局，世人眾說紛紜，充滿了懸疑和猜測，但有一點是可以確定的，那就是西施是越王句踐復國的犧牲品，只是一枚進攻的棋子，在滅掉吳國之後，西施便不再有任何價值了。

夏姬——情史混亂的「狐媚子」

　　東周時期，鄭穆公的女兒嫁給了當時的陳國一個名叫夏御叔的大夫為妻，因而得名「夏姬」。

　　夏姬天生麗質，氣質非凡，最重要的是夏姬長著一副蛾眉鳳眼，一副狐媚之相。與她的容貌一樣，夏姬本就是一個妖淫成性的女人。在少女時代時，夏姬一度成為兄長和鄭國的權臣染指的對象。在夏姬及笄之年時，有一次做夢，夢裡出現一位偉岸的異人，身穿星冠羽服，以上界天仙自居。這位異人逐漸與自己相交在一起，告訴她如何吸精導氣，這個方法就是「素女採戰術」，可以讓女人容顏永保青春。夏姬從中得到了這個可以返老還童、容顏永駐的採補之法。

　　在夏姬還沒有出嫁的時候，便與庶兄蠻通奸，但是不幸的是三年之後，公子蠻就去世了，她便應父親的意思嫁給了夏御叔。兩人結婚九個月時，夏姬發現自己懷孕了，後來生下一個兒子，之前夏御叔雖然對夏姬的貞潔有所懷疑，但又被夏姬的美貌所迷惑，因此沒有過多地追究此事。夏御叔給夏姬的孩子取名為夏南。在夏南十二歲的時候，夏御叔病亡，從此夏姬便歸隱株林。夏姬從此變成了一個寂寞難耐的寡婦，花開花落時，獨守閨房空寂寞。

　　雖然夏姬每每臉帶愁雲，但是已經年近四十的她，依舊是剪水秋眸、雲鬟霧鬢、肌膚白皙似雪。當時，有兩位經常進出株林別墅的壯年男子——孔寧與儀行父，這二人先後和夏姬私通，成為了夏姬的床幕之賓。這二人與夏御叔的關係很不一般，早在夏御叔生前就貪慕夏姬的美貌，在心中久久不忘，現在夏御叔死了，正好隨了他們的心意。孔寧在夏姬房間裡出來之後，穿著剛剛在夏姬那裡順手牽羊得來的錦襠，一個勁地向儀行父炫耀。儀行父的心中好生羨慕，便和夏姬

的關係越走越近，成了一對奸夫淫婦。夏姬覺得儀行父的身材魁梧，鼻準豐隆，也心生愛慕。為了可以魅惑夏姬，儀行父斥鉅資四處求助戰奇藥，以至於夏姬越發的春心蕩漾。

一天，儀行父和夏姬說道：「你能賜給孔大夫一件錦襠，今天你可不可以也給我一件物品留作紀念。」夏姬羞怯地笑道：「錦襠本就是他偷拿去的，並非妾所贈。」接著附耳說：「即使是同床共枕，妾身也有厚薄之分的。」說著便解下自己身穿的碧羅襦雙手奉與儀行父。

從此以後，儀行父進出夏姬住所的次數更多了，孔寧覺得備受冷落。孔寧深知夏姬和儀行父二人交往甚密，便滿心生妒忌，懷恨在心。有一天，孔寧一個人去求見陳靈公，在兩人交流的過程中，頻頻稱讚夏姬的美貌，甚至向陳靈公透露夏姬嫻熟的房中術，絕對是天下無雙。

陳國君主陳靈公是一個不具威儀的國君，為人輕浮傲慢，貪戀酒色，每日飲酒作樂，對於國家大事從來不上心。陳靈公一聽，便來了興致，說：「寡人已經久聞夏姬的大名，但是現在她已年近四旬，再美恐怕也是三月裡的桃花，未免失色吧！」孔寧連忙說：「夏姬對於房中之術非常精通，所以容顏永存，現在雖然已經年近四旬，但是容顏未變，仍舊與十七八歲女子一樣。而且交接之妙，非尋常之女子所能比，如果主公可以一試，自當魂銷，念念不忘。」陳靈公聽得欲火中燒，面孔發赤，恨不能馬上見到夏姬。

第二天，心急如焚的陳靈公便借著微服的名義遊玩在株林附近，孔寧便在一旁小心地伺候著，這一遊便遊到了夏家的門前。夏姬在事前就已經聽到了消息，於是立即下令讓自己家的僕人把裡外清掃得一塵不染，張燈結綵，而且還備好了十分豐盛的酒饌，將自己打扮得美麗動人，花枝招展，就等著陳靈公的車駕趕緊到來，很有一種賓至如

歸的感覺。

當陳靈公的鑾駕一到，夏姬身著華麗的禮服出迎，對靈公說：「不知主公駕臨，有失遠迎，還請主公不要怪罪。」夏姬的聲音就如同黃鶯一般，委婉可人。靈公再一見她的容貌，頓時有一種六宮粉黛全無色的感覺，立即下令讓夏姬換掉隆重的禮服，帶自己在園中慢慢遊賞。

很快，身著淡裝的夏姬便出現在了陳靈公的面前，好比月下梨花一般，又如雪中梅蕊，真是另有一番風姿。在夏姬的一路引導之下，靈公和孔寧相繼進入園內。園子雖然不大，卻是百花爭豔，喬松秀柏，朱欄繡幕，池沼亭軒，應有盡有。經過一番觀看之後，不免感覺飢餓，看到軒中已經備好了豐盛的筵席，陳靈公一行人便坐了下來。在宴席間，靈公目不轉睛地看著夏姬，夏姬也是頻頻地流波送盼。陳靈公頓時方寸大亂，正所謂酒不醉人人自醉，再加上孔寧在一旁敲邊鼓，陳靈公喝得酩酊大醉。夏姬更是秋波流盼，嬌羞滿面。

這一夜，靈公總算是如願以償，擁夏姬進入幃帳，解衣共寢。夏姬的肌膚如雪一般細膩，而且充滿了芬芳，在歡好之時，就像是處女一般。對於一國之君的陳靈公，夏姬可以說是使出了渾身解數，既有少女般的羞澀，又有少婦般的柔情，再加上妖姬的媚蕩，讓陳靈公頓感新鮮和刺激，欲罷不能。靈公不禁感歎道：「即便是天上的仙女恐怕也不過如此！」

靈公天生就有狐臭，其床第上的功夫也遠不及孔、儀二人，但夏姬卻不敢嗔嫌，一晚上都小心侍奉，一直睡到了雞鳴之時才起身。陳靈公說道：「寡人有幸交得愛卿，六宮皆如同糞土一般。但是不知愛卿可否對寡人有心？」夏姬頓感惶恐，擔心靈公已經知道了孔、儀與自己私通之事，便順口回答說：「賤妾實在是不敢欺騙主公，賤妾命薄，年紀輕輕便承受這喪夫之痛，所以難免寂寞，不能自制，失身他

人。但是今天有幸可以侍候君主，自此之後定當謝絕外交，如果再生二心，請主公以罪論處！」

靈公聽後欣慰不已，說：「愛卿素日裡所交之人可以告訴寡人嗎？」夏姬直言說道：「只有孔、儀二人，因為照拂遺孤，遂及於亂。除此之外，便再無他人。」靈公聽後大笑道：「難怪孔大夫說卿交接非常曼妙，絕非常人所能及，如果不是親自嘗試，又怎麼會知道呢？」靈公坐起身來，夏姬將自己的貼身汗衫交予靈公，說：「主公見到此衫，就像是看到賤妾一樣。」

第二天早晨早朝過後，百官皆已散去，靈公召見孔寧，當面感謝他推薦夏姬一事，陳靈公本來就是一個非常厚顏無恥的人，又得到孔、儀二人的奉承幫襯，再加上夏姬是一個善於調情的蕩婦，於是，三個人抱作一團，就出現了一婦三夫同歡同樂的局面。當夏南逐漸長大懂事之後，不忍看到母親的所作所為，但是又畏於靈公，只能是睜一隻眼閉一隻眼。每一次知道靈公要去株林，便會託辭避出，落得一個耳根清淨。

轉眼之間，夏南已經成年了，陳靈公為了取悅夏姬，便讓夏南繼承其父親的司馬一職，掌管兵權。夏南因為感謝嗣爵隆恩，特意在家中設宴款待靈公。由於兒子在場，夏姬便沒有出陪，在酒酣過後，君臣便開始調侃嘲謔，完全沒有君臣之禮。夏南因為心生厭惡，便自行退入屏後，偷聽他們之間的談話。三個人互相取逗，話題主要是圍繞夏南是夏姬和誰所生的孩子展開的，簡直荒唐到了極點。

聽到這裡，夏南的羞惡之心實在難忍，於是暗自把夏姬困於內室，偷偷溜走，囑咐隨行軍眾，將府第圍得水泄不通，絕對不可以放掉靈公與孔、儀二人。而夏南身著戎裝，手執利刃，帶著那些精幹的家丁，由大門直接殺了進去，這時三人還意猶未盡，口中不三不四地說著，要笑弄酒，當三人得知情況危急的時候，頓時亂作一團，夏南

一箭射中靈公的胸口，陳靈公當場死亡。但孔、儀二人卻僥倖逃去了楚國。

夏南率領家丁將陳靈公殺死，之後謊稱陳靈公喝酒過多急病歸天，太子午登基即位，即為陳成公。但是他知道，這件事早晚會被人知道，紙包不住火，擔心其它的諸侯前來逼問他弒君之罪，於是便請陳成公朝見晉國，為自己找一個靠山。

夏南弒君，陳國人倒是沒有計較什麼，但是楚國國君聽信孔、儀二人的片面之詞，堅決討伐鄭國，抓住夏南要施以「車裂」之刑。這時陳成公去晉國還沒有回來。大臣們一提及楚國便不寒而慄，沒有一人敢挺身而出，所以只能將所有的罪名全都推在夏南的身上，打開城門，迎接楚國的大軍。大夫轅頗帶領楚軍殺死夏南，抓住夏姬，將其送到楚莊王的面前，讓他裁決。楚莊王看到夏姬顏容妍麗，言語之間妥帖委婉，頓時怦然心動，但是楚王聽說這是一個不祥的女人，於是便將夏姬賜給了連尹襄。

可憐的連尹襄豔福真是太淺了，沒過幾天便戰死沙場，夏姬借著迎喪的名義返回鄭國，楚國的大夫屈巫已經仰慕夏姬的美貌很久了，借著出使齊國的空當，繞道鄭國，與夏姬秘密私會，結下秦晉之好。當時，楚莊王派遣公子嬰齊率領重兵抄了屈巫的家。

屈巫得知全家已經死了的消息，便投奔了吳國，力主吳王攻打楚國。屈巫可謂是用盡計謀，一次又一次出兵攻打楚國，讓楚國站到了滅亡的邊緣。

樊姬──輔佐霸業的好妻子

　　楚莊王即位之初，十分貪戀酒色，整天飲酒作樂，對於朝中的任何事務皆不予理會。樊姬多次苦口婆心勸說楚莊王，都不見有半分效果，楚莊王該怎樣還怎樣，不知悔改。對此，樊姬決定從此之後不再梳妝打扮，整天蓬頭垢面。楚莊王逐漸察覺到這一怪現象，便問樊姬：「夫人近日怎麼了，為什麼都不裝扮自己了？」樊姬一臉憂鬱，慢聲細語地說道：「大王，您每天沉溺於酒色，把國事都荒廢了。作為你的妻子，我怎麼還會有心思梳妝打扮自己呢！」聽到自己的妻子這樣說，楚莊王非常感動，立刻表示一定不會辜負夫人，一定痛改前非。但是時間不長，楚莊王的熱情就退卻了，又逐漸變回了原來的樣子。樊姬見狀，便遣人到南城垣建起一座高臺，她每晚都會登上這座高臺，獨自一人面對著月亮和星星慢慢梳理自己的頭髮。世人都會這樣想：這個女人肯定是在裝瘋賣傻，要不就是神經病，腦袋出了問題。很顯然，樊姬屬於前一種。

　　楚莊王見到這種情景感覺非常奇怪，便問道：「夫人，你為何每一次夜幕降臨，都要獨自一人到野外去梳妝。」樊姬便將自己的想法，一五一十地向楚莊王訴說：「大王，您曾經答應過我會遠離酒色，一心一意治理自己的國家，但是現在，大王沒有實現自己的諾言，我為什麼還要梳妝打扮給一個完全不將我放在心上，不在乎我的人看，倒不如梳妝給星月欣賞呢。」楚莊王終於明白了樊姬的良苦用心，頓感慚愧，決定痛改前非，專心處理政事。

　　在每一次奮發之前，楚莊王都要出去狩獵，其狩獵的次數早就超越了其它諸侯王，逐漸變成了一種習慣，甚至算得上玩物喪志。樊姬將這些統統看在眼裡，記在心上，決定一定要幫助莊王棄邪歸正。她

曾多次苦心相勸，但楚莊王每次都是左耳朵聽，右耳朵冒，不放在心上。樊姬無計可施，便對楚莊王說：「若是大王再這樣混下去，我從此以後便再也不吃肉了！」這一招與絕食有些類似，楚莊王只當她對自己開了一個玩笑，壓根就沒有將樊姬的話放在心上。但是樊姬是一個說到做到之人，果然從那之後再也沒有吃過肉食，容顏日漸蒼老，人也消瘦了許多。莊王眼見心愛的妻子幾天不見便如此憔悴不堪，哪裡還有什麼心思出去打獵，自此便收斂了不少，樊姬見楚莊王有悔過之心，這才肯吃肉。

楚莊王一點一點地被樊姬所感化，下定決心要專心治理國家，但是男人天生愛美女，這是不爭的事實，更何況是一代君王。在當時，諸侯王的妻妾成群是非常平常的一件事，樊姬擔心楚莊王找其它的女子荒廢政權，更擔心楚莊王把大把的時間浪費在美女的身上，便親力親為，親自差人為楚莊王四處尋找美女。為人妻子居然可以做到到處為自己的丈夫找美女，這實在是非常不容易，可以見得，她的度量之宏大。樊姬從來不計較個人的得與失，苦心尋來的女子不但擁有美麗的容貌，更重要的是她們個個都有著內在的修養，沒有一個人因為貪圖個人得失，為了得到大王的恩寵而日夜糾纏楚莊王，自然楚莊王就極少再沉迷於酒色，就連自己身邊的妃子都如此的明白事理，他自然就不會亂來了，便一門心思地處理朝政上的事情。對於樊姬的所作所為，楚莊王感覺非常滿意，更加器重樊姬，覺得她的確是一個十分賢慧的好妻子。

每一個君王都會有自己寵愛的臣子，楚莊王也不會例外，在他的身邊有一個非常得寵的臣子叫虞邱子，兩人經常一起商討國家大事。一般情況下，他們討論的內容會從國事延伸到家事，幾乎到了廢寢忘食的地步。樊姬在得知此事之後，非常擔憂，有一次下朝後，樊姬找到楚莊王，便問道：「大王，到底是何等重大的事情讓您如此費心，

竟然連吃飯的時間都錯過了？」莊王說道：「可以和賢良的臣子說會兒話，我感覺非常開心，哪裡知道時間竟過得如此之快，不知不覺就錯過了吃飯的時間。」樊姬接著問道：「究竟是哪一位賢良的臣子可以讓您如此呢？」莊王非常淡定地回答道：「還能有誰，自然是虞邱子了！」

樊姬聽後表現得異常驚訝，之後便開始捂嘴大笑不止，莊王感覺非常不理解，連忙問道：「發生了什麼好笑的事嗎，可以讓夫人如此開心？」樊姬見到楚莊王發問，便開始認真地回答：「是大王您啊，如果說虞邱子是一個極為聰明的人我並不反對，但是如果說他是一個忠臣，我就不贊同了。」莊王頓感疑惑，忙問道：「夫人為何會這樣說呢？」

樊姬目不轉睛地看著滿臉困惑的楚莊王，慢慢道來：「到現在為止，我伺候大王已經十幾年的時間了，我們夫妻之間也算是和睦，但是我從來都沒有獨佔大王的意思。為此，我還四處尋訪美女，找她們回來給大王做妃子，其中比我優秀的人有兩三個，和我差不多的也有好幾個。如果我想要得到大王的恩寵，為什麼不設計陷害她們，而是選擇讓她們和我一起侍奉大王呢？」

莊王越聽越糊塗，樊姬接著說道：「這是因為我知道大王貴為楚國的君主，可以在您身邊伺候的一定要是賢良的女子才行，因此我不可以自私，為了個人得失來陷害她們，而耽誤賢良的人輔助您治理國家。而現在，虞邱子作為楚國的丞相，已經有十多年的時間了，但是他所舉薦的人都是他自己的親人，從來都沒有聽說他保舉過一個自己不認識的人，也不曾聽說他罷免了什麼不賢人，難道大王口中的賢能忠臣就是如此嗎？阻擋真正的賢德臣子為國家盡忠就如同蒙蔽君王，道理是一樣的。即使知道他人賢德卻不舉薦，便是不忠，不知道他人的賢德，便是不具智慧。我剛才就是笑這個，您難道覺得我說的不對

嗎？」

　　莊王這才恍然大悟，如夢初醒，覺得樊姬說得非常有道理。第二天上朝的時候就將這件事說給虞邱子聽，虞邱子聽到之後，頓時變了臉色，居然一句話也說不出來，只能灰頭土臉地離開了朝堂。虞邱子回到家，便稱病不敢上朝，整天為尋找賢臣而四處奔走，希望以此來彌補自己以前的過失。終於皇天不負苦心人，他舉薦了孫叔敖，而且還親自將他帶到楚莊王的跟前。直到這時，他這才敢再一次上朝參政。

　　經過一番考察之後，楚莊王覺得孫叔敖的確是一個非常有能力的人，而且是一個賢能的人，才決定重用他，讓他處理楚國的事務。經過三年的時間，孫叔敖協助楚莊王登上了中原霸主的寶座。

宣姜——命運坎坷的苦命女

　　提起宣姜的名字，很多人或許會覺得有點陌生，但是說起她的事蹟，大家都會有所耳聞了。宣姜是齊襄公的妹妹，與她的妹妹齊文姜一樣，兩人都是當時眾所週知的美女，可是兩人的命運，卻是殊途同歸，都沒有好到哪裡去。齊文姜與哥哥互相愛慕，後來又與哥哥亂倫，為圖一時之快而殺死了親夫。而宣姜則在一開始出嫁的時候，就預示了她一生的悲劇。

　　宣姜是齊僖公的大女兒，西元前七一八年，宣姜剛滿十五歲，一個情竇初開的年紀，長得亭亭玉立，國色天香。齊僖公便尋思著將她嫁出去。而正當此時，衛國的太子姬伋也長成了一個俊美儒雅的男子漢，便派人到齊國來向齊僖公提親，指名要娶宣姜，齊僖公一聽說來提親的是衛國的太子，就立馬答應了這個可以說是十全十美的婚事。

　　可是命運就是這麼捉弄人。衛國的使者真可以說是人才中的人才。他這一來不要緊，當他看到美麗動人的宣姜后，就偷偷地告訴了衛宣公。衛宣公是個不折不扣的老色鬼，他聽說這個宣姜長得天生麗質、舉世無雙，就動起了歪腦筋。就在兒子迎娶宣姜的車隊已經啟程之後，他借機支走了兒子，讓他去出使宋國。他還在淇水之畔日夜趕工修建了一座用來藏嬌的行宮，取名為「新臺」。等宣姜到達衛國後，這老色鬼就立馬把她娶了，封為自己的妃子，可憐宣姜就這麼迷迷糊糊地嫁給了她滿頭白髮的老公公。

　　其實，宣姜並沒有在歷史上留下她的名字，因為她是齊國的公主，本姓姜，又嫁給了衛宣公，所以後人便稱她為「宣姜」。

　　當衛國太子姬伋回來後，看到自己的媳婦已經嫁給了父親，只好無奈地稱宣姜為母親，這對於他來說可真是天大的笑話了，老子搶了

兒子的媳婦，兒子還得隱忍下來，不能有任何怨言。可見衛宣公為父不正，這樣的人當上國君，對國家來說，也是一種災難吧。齊僖公聽說了這件事，自然也是暴跳如雷，憤怒了好一陣子，差點就要出兵為女兒討公道了。但他畢竟在官場上摸爬滾打了這麼多年，可以說是比老狐狸還精明呢！後來轉念一想，女兒嫁了衛宣公，原本和自己是同一輩的宣公立馬就比自己小了一輩，小輩對待長輩自然是要恭敬的，在政治上對自己還是利遠遠大於弊的。於是乎，這位齊僖公也就喜滋滋地接納了這位比自己小不了幾歲的女婿。

宣姜雖然有千萬般的不願，但在別人的地盤上，她也只能聽天由命了。嫁給衛宣公幾年之後，她先後生下了兩個兒子，分別是姬壽和姬朔。長子姬壽，是一個清秀善良、溫文爾雅的少年，而姬朔這個人卻是心機深沉、野心勃勃，總想要當衛國的君王，而此時的衛宣公也正值暮年，姬朔就在琢磨，要是能夠把太子設法除掉，再讓宣公立他為太子，那麼，他就可以順理成章地成為整個衛國的國君。於是，姬朔便多次在父王面前進獻讒言，大放厥詞地說太子壞話。

衛宣公年老體邁，腦子大不如以前靈光，竟然聽信了姬朔的讒言，而宣姜這邊也很鬱悶，估計是咽不下這口氣，嫁了一個比自己大幾十歲的老男人，憋屈了好多年，早就看衛宣公不爽了，還不如索性讓自己的兒子去掌權，所以便與衛宣公一起謀劃了起來。兩人籌畫一陣之後，想出了刺殺之計：讓衛宣公把太子派去出使別的國家，再暗中找來一些頂尖的刺客，事先埋伏在太子必經的河岸邊，約定只要一見到太子等人拿著出使的大旗，就大開殺戒，隨行人員一個不留，以除後患。

善良的姬壽得知了父親和弟弟的陰謀，連忙向太子通風報信，但太子似乎已經在宣姜來到衛國以後，就看清楚了這些，知道父親早就已經容不下自己了，即使到了如今的這種地步，也不想逃離衛國，他

是徹徹底底地心灰意冷了，就對姬壽說：「這也許就是命運的安排吧，我這次是在劫難逃了。父親聯合兒子殺兒子，這種事，恐怕也只有昏庸透頂的君王才幹得出來吧。」

姬壽是一個非常重視情義的人，他見太子不為所動，天性仁孝，於是也被他感動了，就假裝要為他餞行。在餞行宴會上，姬壽頻頻敬酒，太子不勝酒力，不一會就被姬壽灌得酩酊大醉，然後姬壽自己穿上使者的衣服，手持著大旗，決絕地向河邊行去。刺客只認得大旗，看到大旗後，便不管三七二十一地將姬壽殺死了。

太子酒醒後，立即明白了事情的緣由，十分著急，便立即趕往河邊，可是他還是來晚了一步，姬壽已經死了，他傷心地趴在姬壽的屍體上嚎啕大哭，並且對刺客承認了自己的身份，說自己才是真正的太子。刺客一不做二不休，索性也連他一同殺死了。這件事做得真是慘絕人寰，簡直毫無人性可言。

宣姜聽說這件事之後，立即昏死了過去。醒來之後，就像換了一個人，目光呆滯，沉默寡言。而在整個事件中，唯一的勝利者就是姬朔，他不禁感歎道：這些殺手真是太給力了，一下就殺死了我兩個王位的有力競爭者，真是太感謝你們了。不久後，衛宣公死去，姬朔順理成章地成為了國君，就是衛惠公。

但是，國人怎麼能夠容忍這種人做他們的君主呢，貴族們很快就聯合起來發動了政變，衛惠公倉皇逃出衛國，逃到了母親的娘家齊國。宣姜落在了公子泄的手中，宣姜請求他殺了自己，這麼多年來飽受折磨，早就已經對這個世界沒什麼眷戀了，可是公子泄卻不敢得罪當時實力雄厚的齊國。當時，宣姜的哥哥齊襄公是齊國的君主，聽說這件事後，主動出面交涉，將宣姜嫁給了姬伋同母的兄弟昭伯頑。先是嫁給衛宣公，後又嫁給了他的兒子，試問宣姜，她的生活能夠快樂嗎？

驪姬——「驪姬傾晉」的主角

　　晉獻公時期，驪姬很受君王的寵愛，她希望自己的孩子將來成為君王，於是實施了好多陰謀，讓君王廢除了太子申生，還把公子重耳和夷吾逼走了。她的這些作為使晉國內政陷入一片混亂，正所謂「最毒不過婦人心」。

　　驪姬是被獻公擄回來的妃子，她長得非常漂亮，很受獻公的寵愛，嫁給獻公之後就生了一個兒子，並取名為奚齊，晉獻公很愛他的這位嬌妻和兒子，想要把奚齊立為太子，後來就把這事和驪姬說了。驪姬聽了之後非常高興。但是，這時申生已經是太子了，而且他的另外兩個兄弟重耳、夷吾也都很賢德，雖說這三個人都不是她親生的，但是名義上她還是他們的母親。她心裡明白，如果現在就把自己的兒子立為太子，大臣們肯定不會心服口服的，恐怕還會招來諸多麻煩。

　　後來她來到獻公面前，假惺惺地跪著邊哭邊說「太子申生並沒有做錯什麼，沒有一個大臣說過他的壞話，現在大王要是為了我們母子而將太子廢掉，大家肯定會說是我迷惑你，我寧可死也不要背上這個罪名！」獻公聽驪姬說完之後也覺得有道理，同時更覺得她善解人意，通情達理，為人賢淑。如果讓她當了國母，那國家豈不是會越來越好。

　　驪姬面子功夫做得很好，但在背後裡卻買通了關東五等幾個奸臣，沒白天沒黑夜地商量怎麼讓獻公廢黜太子，好把自己的孩子立為太子。籌畫之中，自然就有了妙計。

　　關東五向獻公進諫，要獻公把三位公子調離都城：把申生調去曲沃，重耳被調去蒲城，而夷吾被調去屈城，就這樣把三人分開了，這樣對付起來可就容易得多了。接下來，這些奸臣又逼迫一些和申生好

的老臣開始疏遠申生，讓申生孤立無援。

　　幾年之後，驪姬特別虛偽地對獻公說道：「我是很疼愛申生的，我很想他，他在曲沃也有些年頭了，讓他回來吧。」獻公又信了驪姬說的話，以為她是發自肺腑的真心話，於是派人把申生接了回來。申生知情達理，回來之後，拜見了父親，又進宮參見了虛情假意的驪姬，驪姬設宴招待了申生，兩人交談得很開心。可是，他並不知道，有一雙陰毒的雙手正向他伸來。第二天，申生又進了宮，驪姬又留下他吃飯。可是當晚，她就到獻公面前哭天抹淚。

　　獻公見驪姬哭哭啼啼，忙問是怎麼回事，驪姬用嗲嗲的嬌滴滴的哭腔說：「申生可真是你的好兒子！」獻公聽了之後摸不著頭腦，說：「他怎麼了？」驪姬的哭聲更大更委屈了，說道：「我本來好心見他回來留他吃飯，可是沒想到他幾杯酒下肚之後就開始調戲我，還說：『我父親現在老了，你還年輕，將來等我父親死後你就嫁給我吧！』我本來想狠狠地教訓他一頓，可是他又繼續說：『我家規矩就是這樣，當初我爺爺去世的時候，我父親就接受了他的小老婆，等以後我父親去世了，你自然而然就歸我嘍！』說完就把我往懷裡摟，幸虧我躲閃得快，不然，不然……我真不想活了！」說完就撲到獻公的懷裡大哭。

　　獻公聽了之後很生氣，馬上大聲說道：「這畜生怎麼這麼無賴，我要好好地治治他！」驪姬看獻公大怒，覺得這話十分見效，又繼續說：「他還約我明天去後花園呢，你要是不信，就暗中去看看，不就知道了！」

　　第二天，驪姬又把申生叫進宮來，並且把他帶到了後花園。驪姬這天可是把自己打扮得分外妖嬈，還故意在頭髮上黏了香糖，招來蜂蝶，申生就在她身後揮衣舞袖幫忙趕走蝴蝶。晉獻公把這些動作都看在眼裡，認為申生在調戲驪姬，叫人把申生抓起來。申生嚇了一跳，

他感覺莫名其妙，不就是在後花園賞花嗎？說實在的，誰調戲誰還不一定呢！可是獻公深愛著驪姬，不管是誰的錯，都把錯推給了申生。

驪姬又向獻公耳語道：「你知道就好，可不能把他殺了，不然大臣們肯定會說是我的主意，你就饒過他這次吧！」獻公考慮了一下，覺得驪姬所說很對，就把申生放了，並且暗中派人跟蹤監視他。其實，驪姬本身還是很清楚的，獻公沒腦子，並不代表大臣們沒有思維能力，這件事情要是真的鬧大了，自己還真不好收場。而且想要憑藉這件小事就把太子扳倒似乎也不那麼輕鬆，當然她也不會就這麼善罷甘休的。

挑撥父子關係只是驪姬陰謀的一個開始，重頭戲還在後頭。打獵的季節到了，獻公帶人出去打獵了，驪姬馬上就派人去告訴申生說：「我夢到你母親向我傾訴苦楚了，她說在地府挨餓受凍，你這個做兒子的怎麼也應該去祭祀一下你的母親吧。」申生是個大孝子，聽了之後就去祭祀母親。他想送一些祭肉和祭酒給父親，獻公打獵還沒有回來，申生就把這些物品送回了宮中。

獻公狩獵回來之後，驪姬早就在酒肉裡面下了毒，送給晉獻公，對他說：「這是申生特意送來給你嘗嘗的。」獻公剛準備要喝酒，驪姬趕忙說：「這東西是從外面帶進來的，不可以大意，得驗一驗。」獻公聽了之後點了點頭，順手就把酒灑在了地上，地上冒起了一股白煙。驪姬假裝不相信的樣子，割下一塊肉給狗吃，狗吃了之後連叫都沒叫就死了。然後她又強行拉過了一個侍衛，把酒不由分說地給那個侍衛灌了下去，侍衛當場就翻白眼，斃命了。

獻公還沒來得及說話，驪姬就搶先嚷嚷了起來，「太子的心怎麼這麼狠毒啊，他現在已經是太子，早晚是要即位的，難道多等幾年都不行！就這麼迫不及待地毒死自己的親生父親。」她說完了又跪在獻公面前，說道：「他急於這樣做，不就是針對我和奚齊，您就把這酒

肉賜給我們母子，好讓我替你去死吧！」說完就衝過去搶酒杯，裝作要喝下去的樣子，獻公看見之後趕忙把酒杯奪過來，狠狠地摔在了地上，他已經氣得發抖說不出話來。

驪姬看到獻公很生氣，立刻撲倒在地說：「我哪裡對不住他啊，我先是求您讓他回國探親，接著他卻想在後花園裡調戲我，我顧及他的顏面又在大王面前幫他求情放了他，可是今天他卻要殺了您，明天就得殺我，我也不想活了！」

獻公上前把她扶起來，說：「這件事情我自有主張。」於是就出了朝堂，派人前去曲沃捉拿申生，申生並沒有要逃跑的意思，也沒有反抗，而是選擇上弔自殺了。驪姬又和獻王說重耳和夷吾兩兄弟和申生是同謀，獻公聽了又派人去捉拿這兩人，重耳和夷吾被迫逃跑。之後，獻公就立奚齊當了太子，驪姬的陰謀終於得逞。

驪姬也算是個歷史風雲人物了，能把君王和幾個公子耍得團團轉，這也是要下一番苦心的。在這件事中，晉獻公就像是驪姬的傀儡一樣，被她玩弄於股掌之中，真是一個可憐的君王。他是典型的愛江山更愛美人的人，這就驗證了一句話，「英雄難過美人關」。

齊姜——識大體的美嬌娘

我們這裡將要說起的齊姜，不是齊襄公的妹妹齊文姜，而是晉文公的夫人，說起這位具有遠見而且魄力驚人的晉文公夫人，想必大家都會對晉文公出走齊國的事情多多少少地留有一些印象吧，而我們要說的這位齊姜女，就是當時狐偃等人商議為使晉文公重振旗鼓，將晉文公強行灌醉並讓狐偃等人將他帶走的人。

當初，晉國朝廷內部局勢混亂，重耳等一行人流亡來到了齊國，齊桓公並沒有將之拒之於門外，反而以禮相待，並舉行國宴隆重歡迎重耳的到來，後來又把自己心愛的女兒嫁給了他。然而，時間久了，重耳就覺得這裡的生活安逸快樂，又有溫柔賢慧的妻子作伴，便萌生了想長居於此的念頭，真是有些「樂不思晉」了。狐偃等人多次勸說重耳返回晉國，都沒有奏效，心裡很是焦急。

重耳的妻子也認為，大丈夫不應該如此的貪圖安逸，應當有所建樹，應該有一番作為。她曾經就以齊國宗室之女的身份，四處尋訪，為丈夫尋找可以協助的力量，她甚至曾經請求齊桓公能夠派遣一路大軍護送丈夫重耳返回晉國。無奈，當時齊桓公已經年老體邁，沒有了年輕時的勇猛和衝勁，只求安穩，怎麼也不肯再冒這個看來希望渺茫的險了，就沒有對自己的這個女兒做任何的回覆。

趙衰和狐偃等人眼看著重耳已經在齊國生活了十幾年，時間慢慢地抹去了他的雄心壯志。如果再不走，再不離開這重返晉國，他大概就會一輩子在這紮根，最終也只能落個客死他鄉的悲慘結局，他這一生不可能再有半分的作為，他們先前所做的一切努力都要白費了，所有對重耳的希冀也都要落空了。

於是，狐偃、趙衰等人就擅自決定，找準時機挾持重耳離開齊國，但是這個世界上並沒有不透風的牆，他們的這番話被齊姜的一個

侍女聽到了，她就急匆匆地把這些話原原本本地告訴了齊姜。齊姜聽後，稍作思考，問她道：「這些話，你還有告訴其它人嗎？」那個侍女很忠心地低頭說道：「我誰也沒告訴，聽了他們的話，我就急匆匆地來了，知道這事的就只有您一個人。」

齊姜思考了片刻，然後決定秘密殺死這個侍女，可憐這個侍女，一片忠心，不但沒有得到預想的嘉獎和賞賜，卻落得這樣的下場。可是國家大事畢竟重於泰山，必須慎重對待，也只能捨小取大了。關於這件事，我們不能斷然下結論說齊姜的做法是否有錯，不過從此事上，我們也可以看出齊姜的機智勇敢和果斷決絕，甚至可以說是有些狠心了，但這也表明了她深愛著自己的丈夫。

齊姜並不像傳統意義上的女子那樣希望自己的丈夫日夜陪伴在自己的身邊，而是希望自己的丈夫能夠重振旗鼓，能夠有一番自己的作為。之後，齊姜就找到了重耳，對他說道：「當下形勢，你應該重返晉國去做一番大事，而不應該再繼續留在這裡無所事事了，這裡的生活雖然平靜溫暖、舒適安逸，但是卻阻礙了你前進的步伐，而那些隨你前來的大臣們，忠心耿耿，一直希望你能夠重返晉國，重振國威，跟著你有一番作為，你就不為他們考慮一下嗎？」誰知，重耳竟然笑道：「只要有夫人的陪伴，就算是這一輩子都這樣過下去，我也心甘情願。」

齊姜看丈夫一點好話都聽不進去，就怒斥他道：「妄你還是貴為一國的公子，卻這樣的貪圖享樂不思進取，如今國內形勢有變，你回國的大好形勢已經到來，況且你的兄弟被害死了，你怎麼能一點都不想回國，重振晉國的威風呢？你這樣，我真是為你感到可恥！」齊姜好話歹話說盡了，可是重耳依舊沒有任何的反應，淡淡地說道：「如果夫人這樣說，那就不對了，我只是希望能永遠的、時時刻刻陪在你的身邊啊！」齊姜被這話深深地感動了，知道自己的丈夫如此深愛著

自己，她很是欣慰。不過，她卻是個有遠見、識大體的女人，當下便決心要配合趙衰和狐偃等人的計策，將丈夫送走。

齊姜見無論怎麼說、說什麼，重耳都聽不進去，不為所動，頓時心生一計，就對他說出了實話：「我的一位侍女聽說了你的部將趙衰等人要伺機挾持你走，我就想在這試探你一下，你果真是真心誠意地對我好，我真的很開心也很幸福，不如改日我們喝幾杯吧！」重耳想都沒想就立即答應了下來。於是，齊姜私下裡就與趙衰等人商議，等到把他灌醉後，就立馬用馬車帶他走，快馬加鞭，能走多遠就走多遠。這齊姜想來也是心理戰的專家，玩起心理戰來得心應手，先是為了不讓重耳起疑心，就把所有的事情都告訴了重耳，讓他放下了對她的戒心，然後再進一步灌醉他，一下子就解決了所有問題。

齊姜與重耳喝起酒來，齊姜不斷地向重耳敬酒，重耳很高興，一杯杯的都乾了，沒成想這酒很是濃烈，沒幾杯就喝多了，齊姜繼續勸重耳喝酒，說不醉不歸。等他爛醉之後，趙衰等人就將他放在馬車上，日夜兼程，快馬離開了齊國。等到重耳醒來之後，發現他們已經離開臨淄好遠了，他不禁勃然大怒，斥道：「如果這件事成功了還好說，如果不成，我一定要將你們碎屍萬段，吃了你們的肉，抽了你們的筋！」

之後，重耳在狐偃等人的協助下，歷經重重磨難，終於回到晉國執掌大權，當上了晉國的國君。飲水思源，他立即將齊姜從齊國接了過來，封為正品夫人，而對秦國送來的女子一概不聞不問，可見重耳有多愛多感激他的這位妻子。從以前的那些事中我們也能夠看出，齊姜這個人識大體、有魄力。她對待文公其它的妃子也十分友好，相處得很融洽，而且將後宮整理得井井有條，所以晉文公根本不用因後宮的事情而分心。他沒有了後顧之憂，一心撲在國家上，專心治國，最終得以稱霸中原。

國家興亡主力軍──軍事家

范蠡——興越滅吳奇謀的製造者

　　范蠡在春秋時期的事例可謂是史無前例的。春秋後期，吳國和越國之間戰爭不斷。吳國比越國強大，越國不能與吳國相抗衡，只好每年向吳國進貢。但越王句踐即位之後，越國也開始變得強盛，便不想再屈從於吳國。

　　吳王闔閭，也就是吳王夫差的父親，在吳國與越國的一次戰爭中，不幸中箭身亡。西元前四九四年，吳王夫差想要為父報仇攻打越國。句踐聽說之後想先發制人。范蠡勸阻說：「戰爭本是一件非常殘酷的事情，沒有原因的戰爭更是違背德信，這是上天所忌諱的，對於出戰者不但沒有好處而且非常不利，應該謹慎行事，萬萬不可輕舉妄動。」句踐說：「我已經決定了，不要再說了。」

　　於是，句踐不聽勸告調動全國三萬精兵攻打吳國，與吳軍在夫椒交戰。結果，越國僅剩五千殘兵，退守會稽山，又被吳軍包圍。句踐戰敗。

　　句踐大敗之後，他對范蠡說：「我不聽先生的話，才會有這樣的局勢。現在要怎麼收拾殘局呢？」

　　范蠡在這生死關頭又向句踐提出了暫時委曲求全的策略，主張向吳求和，如果吳國不答應，就讓句踐親自到吳國。吳王沒有聽取伍子胥的勸告，決定休戰撤兵，並答應讓句踐到吳國做人質。於是，范蠡跟隨句踐到吳國為奴僕三年。有一天，吳王把范蠡單獨叫去，對他說：「句踐給我當奴僕，你又何必再跟著他？俗話說，『聰明婦女不嫁敗亡之家，明哲臣子不跟國滅之君』。如果你拋棄句踐跟隨我，我不僅赦免你的苦差，還讓你當大官。」范蠡跪下說：「謝謝大王的好意。俗話說，『亡國之臣，不敢語政；敗軍之將，不敢言勇』。我是

戰敗之國的臣子，又怎麼敢期待富貴呢？還是讓我和原來的主子一起為您服役吧。」吳王聽後只好作罷。三年之後，句踐、范蠡被放回國。

回國之後，句踐向范蠡請教振興越國的方法，范蠡認為：「天時、人事都是不斷變化的，因此，要根據天時和人事而制定方針政策。萬物在土地上生長，土地是包容萬物的，禽獸、莊稼等始終都不能離開土地。萬物不管美惡，土地都一視同仁，讓其生長，人類也依賴土地生存。然而萬物生長又各有自己的季節，不到生長的季節，是不能讓它勉強生長的；人事的變化也是相同的，最後的轉捩點沒到，成功是不能勉強的。所以，處理世間事物應該順應自然規律，要把不利於己的局面扭轉過來就要等到機會的到來。」

接著，范蠡又提出了興復越國內政的方法，就是調動、保護老百姓的積極性，大力發展生產，積蓄力量，富國強兵，他勸說句踐應該拿出時間來做和老百姓相同的工作，越王夫人也應該做一些類似於紡織的具體勞動。不要讓百姓懈怠，而應該讓他們勤奮耕作，這樣生活就會變得富足，國家也會變得強大起來。范蠡提出對待弱小國家要禮讓，對待強國表面應該採取順從的態度，但心裡卻不應該屈從。對於吳國，要等待或促使它走向衰落，時機一旦成熟就可以一舉殲滅。最後，范蠡說：「希望大王每時每刻都不要忘記石室之苦，越國就可以復興，與吳國的仇也可以報了！」

句踐聽了之後，連連稱讚。他立刻讓文種主持國政，讓范蠡來治理軍旅。句踐自己也開始臥薪嚐膽。他經常夜裡暗自落淚，恨恨地對自己說：「會稽之恥你忘了嗎？」同時，他重用有才能的人，尊敬老人，體恤貧困的百姓，希望得到百姓擁護。他還鼓勵生育，彙集財富，練兵修甲，不敢有一絲懈怠。當然，他表面上仍然對吳國奉承獻媚。

　　這時候，一方面，范蠡親自到民間選了西施、鄭旦等美女，派香車將她們送給吳王。同時誘惑吳王大興土木，建造宮殿樓閣，讓他在聲色犬馬之中不能自拔。另一方面，在暗中親近楚國，結交齊國、晉國，使吳國孤立。

　　西元前四八五年，句踐回到越國五年了。越國國庫充實，土地富足，百姓願意為他效命。於是句踐想要一雪會稽之恥。范蠡覺得時機還沒有成熟，勸阻說：「雖然中國人心所歸，但時機還沒有成熟，如果非去不可，對我們是十分不利的。」大夫逢同勸句踐不要伐吳。句踐接受大臣們的意見，決定繼續隱忍下去。

　　在這期間，范蠡的第一個計策──美人計開始發揮作用。他在越國找到兩個擅長紡織的美女──西施和鄭旦，教她們歌舞，並授予她們辱身報國的特殊使命，主要有三件大事：讓夫差沉溺於酒色之中，荒廢他的國政；慫恿吳王對外用兵，消耗他的國力；離間吳王和伍子胥，讓他失去忠臣。西施、鄭旦被送進宮後很受夫差寵愛。不久之後，鄭旦病死，夫差更加寵愛西施。

　　范蠡的美人計成功之後，開始實施第二條計策：把吳國的府庫掏空。他假借越國遇到災荒，向吳國借糧十萬石。因為伍子胥反對，太宰伯嚭卻非常贊成，夫差開始猶豫不決。他和西施說起這件事，西施說道：「你每天以英雄自詡，卻連這點事都決定不下來。各國之間本來就存在相互幫助的傳統，當年秦穆公還賣糧食給敵國晉國呢。」接著又說：「晉國的君王有罪，可是晉國的百姓是無辜的呀！如今越國是您的屬國，越國的百姓是大王的臣民，難道您想要讓自己的臣民活活餓死嗎？」

　　西施把夫差說得羞愧難當，次日就下令把十萬石糧食借給越國。第二年，越國糧食大豐收，越國如數把糧食還給吳國。吳王看見越國還來的糧食顆粒飽滿，就下令把這批糧食作為糧種。一年之後，吳國

卻是顆粒無收。吳國人還以為越國的糧種在吳國水土不服，埋怨吳王下決定前不瞭解情況。卻沒想到這是越國的一條毒計：其實那是用水蒸過的十萬石糧食。

范蠡有著傑出的政治才能，他每次都可以把危機化為轉機，特別是對美人計的理解和使用已經達到極致，也正是美人計的完美使用才讓越國有了翻身的機會。

除了具有傑出的政治謀略外，范蠡還有聰明的經濟頭腦。他在經濟上主張「知鬥則修備，時用則知物」，「旱則資舟，水則資車」，「平糶齊物，關市不乏」，「貴上極則反賤，賤下極則反貴」等觀點，強調人們在尊重客觀規律的同時可以把這些規律運用於經濟現象的變化中。通過范蠡這些思想的運用，越國開始強大。

西元前四八二年，時機終於成熟。越王句踐趁著吳王夫差到黃池與晉國、魯國會盟的時候，率大軍攻打吳國的都城姑蘇，把太子友活捉，逼迫夫差求和。西元前四七五年，越軍攻打吳國，重創吳軍，圍困兩年後，都城姑蘇被攻破，夫差自殺。滅吳興越的大業終於被越國君臣實現。

本應接受封賞的范蠡在這時卻急流勇退，坐船飄洋過海到達齊國的海濱，改名為鴟夷子皮，在海濱做起農業、漁業、鹽業等生意。經過幾年的用心經營，他終於成為遠近聞名的大富豪。這時候，齊國人發現了他的才幹，讓他當了三年的齊國宰相。

「富好行德」是范蠡的思想，他曾經對人說：「能為家治理千金的產業，做官能到宰相的地位，這已經到了極致，長期享用這樣的榮華富貴，是不吉利的。」於是，范蠡歸還了齊國的相印，把自己的家財分給親友和鄉鄰，悄悄離開了海濱，定居到陶地，重新開始經商，成為了歷史上有名的陶朱公。

范蠡早年的時候曾學習計算、理財的方法。這次，范蠡重新經營

商業，自然駕輕就熟，成為商人中的佼佼者。他每天買賤賣貴，與時逐利。積聚資財鉅萬，很快又成了富翁。他的經商的方法，一是把握好供求關係，二是把握好物價貴賤的差幅，三是加快資金的周轉率，這樣讓自己可以立於不敗之地。

因此，范蠡被稱為「兵家奇才，商家始祖」。

范蠡後來在陶地死去。他一生中的三次搬遷都有美名，並流傳於天下，被後世所敬仰。

復興一個國家，滅亡一個國家，被稱為「兵聖」的孫武沒做到，被稱為「智聖」的諸葛亮也沒能做到。但是他們兩個的遭遇卻很相似，「出師未捷身先死」，只活到五十出頭。范蠡卻與他們不同，他辦到了。他不僅復興了越國，打造了以弱勝強的光輝事例，而且還善於保護自己，安享晚年，直到古稀之年壽終正寢。

范蠡的一生就是一個傳奇，他的前半生幫助越王句踐消滅吳國興盛越國，功勳卓著，值得後世重視。他的後半生卻更值得世人加以總結。讓後人更加敬仰和欽佩。他的一生大致經歷了辭職經商、以農為本、農牧結合、棄農經商四個階段。這四個階段之中，最後一個階段是他的資產由「十萬」到「千金」，再到「鉅萬」的重要累積過程。這一階段，他不僅需要大膽地挑戰傳統的「賤商」、「抑商」的觀念，而且還需要創造出新的經商理論與經驗。在中國社會歷史由奴隸社會向封建社會的轉變過程中，范蠡順應時代發展，率先得到了成功。人們開始問：為什麼范蠡做官、種田、經商每樣都如此成功呢？其中的原因當然有很多，但必不可少的一條就是有文化。如果范蠡還有什麼其它可以被後人所敬仰的，那就是著名的西漢史學家司馬遷對他所評價的：「富好行其德者也。」

觀察范蠡的一生，他憑藉出色才智，讓史書上的春秋晚期有了吳越爭霸的傳奇戰例，而范蠡在憑藉自己的才能輔助越王興國，達到自

己的人生最高峰的時候，卻又能及時退隱從商。後人曾這樣評價范蠡：「文種善圖始，范蠡能慮終。」文種的命運結局就有些悲淒，相比之下，范蠡的智慧之光就顯得更加耀眼奪目。

孫武──兵學聖典的創造者

　　孫武的祖先媯滿曾經被周朝天子冊封為國君。後來因為陳國內亂，孫武的直系遠祖媯完便帶著一家老小逃到了齊國，投奔了齊桓公。齊桓公因為久仰陳公子媯完的大名，清楚他雖然年輕，但是才華橫溢，就讓他擔任管理百工之事的工正。媯完在齊國定居之後，把姓氏改為田，所以他又被稱為田完。一百多年之後，出了很多人才的田氏家族，經過幾代的努力，已經在齊國成為地位顯赫，領土廣闊的大家族。田完的第五世孫田書，因軍事才能出眾，領兵伐莒有功，齊景公把在樂安的一塊埰地封給了他，並賜姓孫氏。於是，田書又被叫為孫書。孫書的兒子孫憑，做了齊國一人之下萬人之上的官員卿，孫憑就是孫武的父親。

　　出生在貴族家庭的孫武，有著良好的學習環境，讓他可以閱讀《軍政》這樣的古代軍事典籍，瞭解黃帝稱霸天下的作戰經驗和伊尹、姜太公、管仲的兵法。在戰亂的時代，善於帶兵作戰的祖父、父親也讓他從小就能親身經歷一些戰爭，這為培養孫武的軍事才能提供了更加優越的條件，因此孫武也算是一個幸運兒。

　　當時，齊國國內局勢緊張。齊景公初年，左相慶封把右相崔杼推下相位。緊接著，田、鮑、欒、高四大家族又聯合起來趕走慶封。後來，國內局勢越來越混亂。孫武對內部鬥爭十分反感，不願捲入其中，於是，他產生了遠走他鄉，去別的地方施展才華的念頭。當時，南方的吳國從壽夢稱王以來，聯合晉國討伐楚國，國勢強盛，有興起的趨勢。於是，孫武認定吳國是他施展才能和實現夢想的理想之地。大約西元前五一七年，孫武正值年輕氣盛，他毅然離開樂安，經過長途跋涉到達吳國。

到達吳國後，孫武結識了由楚國而來的伍子胥。伍子胥原本是楚國的名臣，也是一個很有才能的人，因為西元前五二二年，父親伍奢和兄長伍尚被楚平王殺害，所以逃到吳國。他立志要興兵伐楚，為父兄報仇。兩人志同道合，談得十分投機，於是結為好友。那時，吳國的局勢也不穩定，兩人便決定暫時先隱居，以後再找機會施展才能，實現理想。

西元前五一五年，吳國與楚國交戰，國內空虛，吳國公子光利用這個機會，派刺客殺害了吳王僚，自立為王，稱闔閭。因為他的王位是靠不正當手段得來的，所以非常重視人才。他知道伍子胥原來是楚國的名臣，於是派人找到他並委以重任。闔閭體恤民情，不貪圖美味與女色，注重生產的發展，城垣的建築，軍隊的訓練，因此很受百姓擁戴。經過一段時間的努力，吳國開始繁榮起來。孫武在吳都郊外隱居期間，對吳王的所作所為也很清楚，因此他對自己的前途更加抱有希望。在隱居之地，他一邊灌園耕種，一邊用自己以前所累積的知識寫兵法，並讓伍子胥向吳王推薦自己。

西元前五一二年，吳國國內局勢穩定，國庫充盈，軍隊強悍，一切準備完畢。於是，決定討伐楚國。伍子胥趁機向闔閭提出，長途作戰，要取勝需要有一位富有謀略的人負責籌畫指揮軍事，他向吳王舉薦了孫武，吳王想看看孫武是否真的具有像伍子胥所言的才幹，於是接見了他。

孫武把寫的十三篇兵法獻給吳王。吳王看完之後對孫武讚賞有加。但是他身為一國之君，怕孫武只是一個紙上談兵的人，於是他想對孫武進行考驗，於是說：「我已經看過你的兵法了，寫得很好，讓我受益不淺，但是在實戰中，你是否能把理論運用其中，你能試著指揮一下隊伍嗎？」孫武回答道：「可以。」吳王又問說：「先生計劃用怎樣的人去練兵呢？」孫武答：「根據您的意願，用什麼樣的人都

可以。不管是高低貴賤，男女都可以。」想給孫武出個難題的吳王於是派出一百八十名後宮中的美女交給孫武操練。他想：若能將我後宮中的美人都練好了，那這個人真有本事。

孫武知道這是吳王在故意刁難他，他決定展現一下自己的才幹，不能讓這麼多年的兵法白寫。於是，一百八十名宮女被他分為左右兩隊，吳王寵愛的兩個妃子擔任隊長。孫武站在指揮臺上，認真講解操練要領。一切安排完畢，孫武開始擊鼓發佈命令，儘管孫武三令五申，但是宮女們就是不聽命令。孫武說：「是我規定的不明確，你們對軍法不熟悉，錯在我。」於是又重申了幾次，但是效果還不好。孫武說：「如果規定不明確，你們對軍法不熟悉錯在我，但是已經反覆地說明了，你們仍不執行命令，那就是隊長的錯了。」於是孫武召集士兵，根據軍法，要斬殺兩位隊長。

愛妃要被殺，吳王馬上派人下令說：「我已知曉將軍才幹，請將軍不要殺害每日陪我的妃子。」孫武毅然說道：「您既然已經任命我為將軍，將在軍中，君命有所不受。」於是孫武殺死了兩個妃子，又重新選了兩個隊長，繼續操練。在這之後，宮女們非常聽話，操練很成功。吳王雖然痛失愛妃但也明白，孫武不是一個紙上談兵的人，他絕對是可以幫助自己成就霸業的將才。於是，他封孫武為將軍，讓他日夜練兵，準備攻打楚國。

西元前五一二年，楚國的屬國鍾吾國、舒國被闔閭、伍子胥和孫武率領吳軍攻克。這時被勝利沖昏了頭的闔閭，想要長驅直入攻打楚都郢。孫武認為不妥：「楚軍是天下第一的強敵，不是舒國和鍾吾國能比的。我們已經連續攻克了兩個國家，人疲馬乏，軍資消耗，不如暫且收兵，蓄精養銳，再等良機。」吳王聽後感覺有道理，於是班師回朝。

班師之後，伍子胥和孫武一起組織三支強大的軍隊，輪番對楚國

進行襲擾，經過車輪式的襲擊戰，楚國被搞得軍隊疲憊，國庫空虛，一些小的屬國紛紛叛離。

西元前五〇六年，楚國攻打蔡國（吳國的附屬國），於是，闔閭和伍子胥、孫武指揮的三萬精兵，到達蔡國與楚國的交戰地。在楚軍放棄進攻蔡國，集中抵抗吳軍的進攻之際，孫武突然放棄戰船，改為從陸路進攻。伍子胥問孫武：「熟悉水性、善於水戰的我們，為什麼要改為從陸路進軍呢？」孫武答道：「作戰講究速度。走敵人想不到的路，可以打它個措手不及。逆水行舟，速度遲緩，楚軍一定早有防備，那樣很難戰勝敵人。」

於是，孫武挑選三千五百名強壯機敏的士兵作為先鋒，到達漢水東岸，孫武領兵後撤，引誘楚軍追擊，三戰三捷。此後兩軍在柏舉決戰，孫武先發制人打亂敵軍陣腳，然後吳王領主力對其圍殲，大獲全勝。之後孫武用半渡而擊、趁楚軍用餐時攻擊等靈活戰術打敗楚軍。僅用了十天的時間，孫武以三萬之師戰勝二十萬楚軍，創造了以少勝多的光輝戰例。

但是，越國這時卻借著吳軍伐楚的時機開始進攻吳國，秦國幫助楚國也出兵對付吳軍，於是，闔閭帶領士兵返回吳國。

西元前四九六年，越王允常逝世，闔閭聽聞新即位的越王句踐年輕，越國國內不穩，認為伐越時機已到，不聽孫武等人的勸告，沒有準備完畢就倉促出兵。不料，句踐整頓軍隊，主動迎戰，兩軍在吳越邊境相遇。雖然句踐還年輕，但卻想出了妙計對付吳軍，他先派死刑犯出陣，站成三排，把劍放在脖子上，一個個陳述表演之後，在陣前自刎。吳國的士兵不知道那些人是罪犯，越軍趁著他們一個個看傻了眼，愣神的時候發起突擊，吳軍倉皇逃跑，闔閭也重傷身亡。

孫武和伍子胥重整軍隊，想要輔佐吳王夫差一雪前恥。西元前四九四年春，句踐集合大軍從水上向吳國進攻，夫差在夫椒（今江蘇吳

縣西南太湖邊）率十萬精兵迎戰，在孫武、伍子胥的聯合指揮下，在夜間吳國大軍被分為兩翼，高舉火把，在黑暗裡只看見這些被安排的詐兵手中的火光連成一片，向越軍快速地前進，喊殺之聲震天，越軍見狀驚恐萬分，軍心被動搖，吳軍趁機向越軍發起總攻，越軍戰敗。在吳軍的猛力追擊下，句踐帶領著五千名士兵只能跑到會稽山（今浙江紹興市東南）上憑藉一個小城中的險要地勢頑強抵抗。因為越軍被團團包圍，句踐只有被迫向夫差投降。夫差以為句踐已經是敗軍之臣，也不會再有什麼大的作為，所以沒有聽取伍子胥的勸告，下令接受句踐的求和要求。

西元前四八四年，孫武傑出的軍事才幹再次顯露出來，他在艾陵之戰中幫助吳王夫差戰勝齊國，因此讓吳國的國威大振，兩年後，在黃池會盟中吳國成功取代晉國成為諸國的霸主。在司馬遷的《史記·孫子吳起列傳》中，曾評價說：「（吳國）西破強楚，入郢；北威齊、晉，顯名諸侯，孫子與有力焉！」

雖然孫武幫助吳國成為了諸國的霸主，但是夫差卻一日日變得驕奢淫逸、專橫強制，不再聽取忠臣的良言而開始聽信讒言，最終中了句踐使出的「美人計」，對他最為忠心的伍子胥也被他逼死了。最後吳國的命運果然不出伍子胥所料，句踐臥薪嚐膽十年、積蓄軍力突襲吳國，吳國戰敗，夫差自殺。

那麼孫武最後的命運是怎樣的呢？到現在為止沒有人能夠說清楚。其中一種說法是，在吳王夫差建立霸業之後，孫武看見自己的好友被吳王逼死了，明白「飛鳥盡，良弓藏；狡兔死，走狗烹」的道理，為了避免和好友一樣的命運，所以退隱山林，重新去寫他的兵法了。還有的說法就是，他又回到齊國，在自己的家鄉隱居當了老師，將自己的兵法教授給徒弟們。總之，他的結局還算不錯。

吳起──戰國初期卓越的軍事家

　　吳起，起初擔任魯國的將領，後來又擔任魏國的將領，戰功卓著，被魏文侯任命為西河守。魏文侯死後，他被人陷害，逃到楚國，開始的時候擔任宛（今河南南陽）守。不久之後，又擔任令尹，幫助楚悼王實行變法：「捐不急之官」，裁減冗員，整頓統治機構，「明法審令」，「要在強兵」。「廢公族疏遠者」，逼迫舊貴族到邊遠的地方去開荒。變法使楚國開始變得富強，曾經北勝魏國，南收楊越，成功佔領蒼梧（今廣西西北）。楚悼王死了之後，吳起被舊貴族殺害，變法也失敗了。

　　史料沒有記載吳起的家庭出身情況，但是，從「其少時，家累千金，游仕不遂」可以分析出，他的家庭很有可能是經商致富的平民，也就是說，吳起出生在一個富裕的家庭裡。

　　吳起在小的時候就很聰明好學，很受家裡人的喜愛，他的父母更加視他為掌上明珠。後來，父親去世，在母親的教育下吳起每日學習文章，修煉武藝。吳起的母親是一位開明、豁達的出身於書香門第的貴族夫人，在吳起的成長過程中起了重要的引導作用。

　　吳起在年少的時候抱負遠大，特別對軍事很是喜歡，每天舞槍弄棒，夢想成為將軍建功立業。為了讓自己遠大的夢想得以實現，他不惜花費重金，離開家鄉，開始遊歷各國，希望能夠得到諸侯的重用，施展自己的才能，闖出自己的天地。但是，他處處碰壁，家道也開始破落。家鄉的一些閒來無事之人在這時嘲笑他是無能之人。吳起沒有韓信的好脾氣，一怒之下殺死三十多個嘲笑他的人，準備逃離衛國。與母親訣別之時，他咬掉自己手臂上的一大塊肉起誓說：「我吳起如果做不成卿相這類的大官就再也不回衛國了。」

　　於是，他逃到了曾子的門下，拜曾子為師開始學習儒術。這時的魯國「三桓」的勢力已被大大減弱，主政的是公儀休、孔僅等儒者，作為一個三流的小國魯國只是艱難地維持著。一年之後，吳起母親去世的消息傳來，吳起的老師曾子以為他會回家奔喪，沒想到吳起第二天依然來上課，曾子很吃驚，就向吳起問起這件事，吳起很不在乎地回答說：「母親已經去世了，回去也不能改變什麼，還不如繼續學習呢。」按照慣例，母親去世了，吳起作為兒子應該回去守孝。吳起覺得自己一事無成，愧對母親，所以沒回去。從這件事可以看出吳起是個信守承諾之人。雖然吳起這種精神值得表揚，但是他的老師曾子是個大儒，看見自己的徒弟沒有孝心，失了面子，就把吳起趕了出去。被趕出後，吳起改到魯國學習兵法。從儒學跳到兵家，一個主張仁，一個主張武，兩者完全是相反的思想。由此可以看出，吳起是一個頭腦靈活的人，懂得及時改行。

　　儒家思想的學習對他後來的政治實踐活動有一定的影響。但是，吳起也深深感覺到儒家的學說很難適應時勢的需要，所以他開始轉讀兵書，並最後投身到兵家之中。從此中華的大地上少了一名儒士，多了一位名將。

　　吳起離開曾子之後開始研讀兵書，並用他的軍事才能輔助魯國的國君魯穆公。西元前四一二年，齊宣公下令讓大將項子牛率大軍進攻魯國的莒和安陽。敵強我弱的情況下，魯國君臣開始恐慌。魯穆公環顧群臣很難找到可以統兵禦敵的將軍。因為吳起經常提出一些治兵之策，在這生死關頭，吳起被推薦給了魯穆公，魯穆公也將希望寄放在了吳起身上。但是這時有人提出，吳起的妻子是齊國人，並藉此對他統兵掛帥提出異議。吳起聽聞此事，思考再三隻能痛下決定，用妻子的性命來換取功名。

　　殘忍地殺妻之後，吳起得到了魯軍統帥的桂冠。很多人會說吳起

真是人性泯滅！成大事者，都要為其付出相應的代價，只是吳起的代價太大了點。

之後，吳起在治軍方面對自己嚴格而對他人寬容，能夠和士兵同甘共苦，所以士兵都願意為他效命。吳起率領大軍到達前線之後，沒有立刻和齊軍開戰，而是向齊軍表示願意談判，先向對方示弱，以老弱的士兵在軍中駐守，給敵軍製造一種「弱」、「怯」的假象，來麻痺齊軍將士，讓他們驕傲，使他們懈怠，然後出其不意地用精兵向敵軍發起進攻。齊軍慌亂應戰，一戰即敗，死傷過半，魯軍大捷。就這樣，吳起指揮魯軍創造了一個以少勝多、以弱勝強的光榮戰績，不僅讓魯國轉危為安，也讓自己躋身在名將之林，聞名列國。

吳起立下戰功之後，不僅沒有受到相應的獎勵，魯國舊貴族勢力反而開始對他進行疑忌和排斥。那時，魯國的朝政黑暗腐敗，朝野上下很多奸臣。吳起戰勝還沒回朝，他們就開始在糊塗君主魯穆公面前說各種惡毒的言語，消除魯穆公對吳起的信任。糊塗的魯穆公聽信了這些小人的讒言，解除了吳起的兵權。身處如此黑暗的魯國，面對如此糊塗的君王，吳起對他們徹底地絕望了。

之後，吳起聽說文侯魏斯很重視人才，於是就離開魯國到魏國去尋找出路。

吳起到達魏國之後，魏文侯因為早就聽聞過吳起的大名，知道他是一個很有才能之人，於是就讓他來擔任將領。吳起指揮大軍和諸侯大戰七十六次，大捷六十四次，開拓土地千里，攻佔五座秦國的城池，立下了赫赫戰功！

吳起這麼能打仗，到底有什麼過人之處呢？

《史記》上記載說：「起之為將，與士卒最下者同衣食，臥不設席，行不騎乘，親裹贏糧，與士卒分勞苦。」也就是說，當將軍之後的吳起，還能和士兵同甘共苦，和最下等的士兵穿同樣的衣服吃同樣

的飯，睡覺也不鋪席子，行軍也不騎馬，親自去挑選士兵的糧食，分擔士兵的疾苦。

由此可以看出，吳起的過人之處就是他懂得愛護戰士。有這樣的主帥，哪個士兵不為他賣命呢！

有一次，一個剛入伍的新兵在戰爭中受了傷，但是當時戰場上醫藥資源匱乏，打完仗退回到後方的時候，那個小兵的傷口已經開始化膿生疽。在巡營的時候，吳起發現了小兵的情況，他二話沒說，馬上蹲下來，為那個小兵親自用嘴吸吮傷口、消炎療傷。那位小兵看到將軍竟然如此愛護自己，感動得痛哭流涕，無語凝咽。其它士兵看到之後，也備受感動。但是那位士兵的母親聽到這件事之後，卻大哭起來。大家都以為她是因為感動才哭的，沒想到她卻說：「我是在為我兒子擔心呀！你們有所不知，當年孩子的父親受傷的時候，將軍也為他吸吮過傷口，結果他父親對吳將軍的恩情念念不忘，在戰場上舍生忘死英勇殺敵，最後在戰場上戰死了。我的兒子難道也要走他父親的老路嗎？」

看到吳起如此善於用兵，廉潔不私，公平待人，很受將士們的擁護，魏文侯就任命他為西河守，來抵抗秦國和韓國。西元前三九六年，魏文侯去世，魏武侯繼位。西元前三九〇年，吳起受到了一些大臣的排擠，被迫奔走楚國。

因為吳起在魏國時政績突出，戰功赫赫，所以他剛到楚國，楚悼王就開始重用他。先讓他擔任了宛（今河南南陽市）守，讓他抵禦韓國和魏國。一年之後，被升為令尹，主持變法。吳起變法，首先開始打擊舊貴族，從而有效地加快了楚國封建化的進程，使其國力迅速強盛起來。西元前三八一年，魏國進攻趙國，趙國向楚國求救。楚國派兵進攻魏國解救趙國，魏軍大敗。由於吳起在變法時，損害了楚國舊貴族的政治經濟利益，受到舊貴族的強烈反對。吳起「令貴人往實廣

虛之地，皆甚苦之」，楚國的貴族們都想殺害吳起。由於楚國的官員都是楚國王室的宗支，絕對不允許外姓的人插足。作為一個外諸侯國的異姓人的吳起，躋身在楚國上層貴族社會之間，僅憑藉著楚悼王的信任，打擊舊貴族特權和利益，阻力可想而知。

楚悼王在戰爭大勝這一年病死，楚國的舊貴族們乘機作亂，對吳起進行圍攻，吳起逃到楚悼王的屍體旁，被舊貴族用亂箭射殺，但是同時也射中了楚悼王的屍體。楚國的法律規定：「麗兵於王屍者，盡加重罪，逮三族。」射中悼王屍體的人，盡當其罪，因此貴族被移除宗室七十多家。但是變法也因為楚悼王和吳起的死而失敗。

雖然吳起變法失敗了，但這次變法卻對楚國貴族的政治起了不可忽視的作用。吳起在變法中所採取的各種措施政策為楚國的政治環境留下了深刻的影響。就像《韓非子・喻老》所說的：「楚邦之法，祿臣再世而收地」；《淮南子・人間訓》也說：「楚國之俗，功臣二世而絕祿。」這些現象和吳起在變法中提出的「封君三世收其爵祿」的政策措施相同，也就是說這是在吳起變法以後才出現的。不能否認，吳起的變法加速了楚國貴族政治向官僚政治的轉變。吳起雖然被害了，但他和李悝相同，都給後來實施變法改革的商鞅提供了深刻的啟示。

司馬遷曾說過：「吳起兵法，世多有，故弗論，論其行事所施設者。」可以看出後人不僅把吳起看作軍事家，更把他看作政治家、改革家。他一生在三國擔任要職，在魯國時，魯國戰勝；到了魏國，魏國強大；進入楚國之後，楚國又變得昌盛，想要變法圖強，卻觸犯了舊的規章，因此犯難遇險，雖然因此去世但是名字卻流傳下來。

孫臏——鬼谷子的愛徒

　　孫臏的故事，想必每個人都耳熟能詳了，他是軍事家孫武的後人，並且傳承了這一優良「基因」，長大後的孫臏也不負眾望成就了戰國時期的一段兵家傳奇。

　　相傳孫臏和龐涓都曾經拜在鬼谷子的門下一起學習兵法，後來龐涓的軍事才華得到了魏惠王的賞識，封他做了將軍，並且對他是無比的信任，可是龐涓一直認為孫臏的才能要遠遠高於自己，心有不甘，於是便偷偷派人將孫臏騙來，想尋找個機會除掉他。孫臏對於這個師兄是一點防範之心都沒有，來到之後毫無保留地和龐涓探討軍事要略。龐涓對於孫臏所表現出來的才華坐立不安，心中充滿了嫉恨，於是便尋了個機會陷害孫臏，還假借法令令人削去了孫臏的膝蓋骨，甚至還在他的額頭上刺了字。龐涓這麼做的目的就是讓孫臏再也不能出現在世人面前，這樣就不能和自己的才華相比了。誰知，他的這一做法不僅沒有圓了他那高枕無憂的夢，反而為自己挖掘了墳墓。

　　天無絕人之路，命運不忍孫臏的才華被埋沒，更是不忍孫臏承受這樣的不白之冤，於是便給他安排了一個別樣的人生。孫臏受刑沒多久，齊國有一位使者來到魏國大樑，孫臏知道這個消息後，便以刑徒的身份偷偷與這位使者見面，把自己的淒慘經歷告訴了齊國的使者，使者聽後比當事人還要傷心動容，再加上孫臏無人媲美的軍事才略，遂決定幫助孫臏脫離苦海，於是便上演了一幕偷渡的戲法，將孫臏從魏國偷偷地運回了齊國，他的這一小小的善心舉動為齊國帶去了一位曠世奇才。當時齊國的大將田忌對於孫臏的軍事才能極為賞識，把他當成自己的上乘賓客，以最好的禮遇相待。

　　大將軍田忌經常和齊國宗室的一些貴族公子一起參加一個賽馬比

賽，但是這位田忌將軍幾乎逢賭必輸。孫臏為了報答田忌的知遇之恩，對他們的賽馬經過進行了一番研究，他發現，他們所選用的馬匹腳力都差不多，卻也有上、中、下三個等級之分。於是計上心頭，他對田忌說：「下一次的賽馬比賽您就放心大膽地下大賭注，我一定會讓您把輸掉的錢都贏回來。」經過一段時間的相處，田忌早就對孫臏的話深信不疑，於是用千金作為賭注。比賽快要舉行的時候，孫臏向田忌說了一個讓他穩勝的辦法：「第一回合的比賽，您可以用下等馬來與他們的上等馬做些時間上的周旋；第二個回合的比賽則是您用上等的賽馬來和他們的中等馬相比；而到了最後一場的比賽，就可以用您的中等馬與他們的下等馬相比了。」這樣下來，三局賽馬，田忌將軍就是兩勝一負，成為了最終的贏家，得到齊王的千兩黃金。

　　田忌深知孫臏的才華不僅僅局限於此，他的謀略將會給齊國帶來福音，於是便把孫臏舉薦給了齊威王。齊威王也是一個慧眼識人的君王，在與孫臏的兵法商討中，瞭解到了這位曠世奇才的難能可貴，立即就要封他為大將軍。後來，魏國圍困趙國，趙國深陷危難之中，派人向齊國請求援兵。齊王想派遣孫臏為統帥支持趙國，卻被孫臏謝絕說：「我是一個受過臏刑的人，身體遭受損害，怎麼適合擔當如此重任呢？」齊王沒有勉強，於是又封田忌為將軍，讓孫臏做軍師隨軍出行，以便為田忌出謀劃策。

　　田忌當時只想帶兵與趙國的軍隊相會，共同抵制魏國，但是孫臏卻勸阻道：「要想將纏結在一起的繩子解開，只有一個可行的辦法，便是找到他的結頭，切不可拿起石頭亂砸一通；而如果要想將打架的人分開，更不可以幫襯著一方攻打另一方。應該找到重點，避開魏國的主力，找到他薄弱的環節，第一時間在戰爭形勢上壓制住敵方，那麼危難也就自然地解開了。就像這個時候，魏國出兵攻打趙國，那麼魏國的精銳兵力必然在前線與趙國周旋，而他們國內反而只剩下了老

弱殘兵，這就是他虛弱的地方。您不防帶領著士兵們包圍魏國大樑，將他們的交通要道阻塞，攻打它最弱的防線，當魏國聽到這個消息的時候，自然就會放棄攻打趙國的機會，而帶領自己的士兵趕來以求自保。這樣，我們不但完成了圍魏救趙，更是將魏國虛弱的環節打探清楚，達到敲山震虎的效果。」

田忌按照孫臏的計謀行動。果然魏軍自顧不暇，放棄了對趙國的圍困，帶領大軍返回的途中，在桂陵又遭到了齊軍的埋伏，大敗而逃。

這一次的圍魏救趙充分顯示了孫臏的智高一籌，如果當時龐涓放下自己的嫉妒之心，也就不會自掘墳墓，讓自己落得個拔劍自刎的下場。

西元前三四一年，魏國和趙國聯手攻打韓國，韓國也派遣自己的使者向齊國求救，請求支持。於是齊威王又派遣田忌為大將軍，讓孫臏作為軍師，帶著自己的軍隊直取魏國的首都大樑。而魏國將軍龐涓得知這個消息之後，便停止對韓國的進攻，率領自己的部隊從韓國趕回魏國，但是齊軍這時已經越過西部的邊境，攻入魏國。孫臏對於這次的行動又想出了一個良策，他向田忌建議道：「我們可以抓住三晉士兵一向自恃過高、輕視敵軍的弱點，假設兵敗逃亡，他們必定會趁勢追擊，而我們只要沿途做好埋伏，將他們一網打盡就可以了。」孫臏隨後又說出來一條具體的實施方案：「在魏齊兩軍對壘時，齊軍假裝不敵，倉皇而逃，在退軍的過程中，第一天可以讓士兵挖十萬個爐灶，而第二天則是挖五萬個爐灶，到了第三天就只挖三萬個爐灶，這樣魏軍會以為齊軍因為每天的士兵逃亡而人員減少，戰鬥力下降，他們就會不顧一切地追擊，不會放過這個大獲全勝的機會。」

果然，正如孫臏所說，龐涓看著齊軍的爐灶一天天減少，便高興不已地說：「齊軍的懦弱無能我原來就早有耳聞，現在看來也是所言

不假，才進入我魏國三天，他們的士兵就已經逃亡過半了，真是天助我也！」於是便讓步軍原地等待，只帶領著自己的一部分精銳兵力，去追趕田忌的部隊。

孫臏估計龐涓在天黑前可到達馬陵一帶，而馬陵的道路比較狹窄，兩邊多有險阻，於是便讓士兵埋伏在這等待著龐涓部隊的到來。他命人將路邊大樹的樹皮削去，在上面寫道：「龐涓將死於此樹之下。」然後又命令齊國擅長射箭的一萬人在旁埋伏，做好準備。龐涓果然不負孫臏的「看重」，夜晚準時來到這棵大樹下，看見白色的木頭上被人刻上了字，拿著火把湊近前去，還沒有來得及看清楚樹上所寫的字，齊軍就已經萬箭齊發，魏軍頓時大亂陣腳，哀嚎聲一片。龐涓這才知道中了孫臏的圈套，可已經走到了無法挽回的地步。

在他舉劍自刎前慨歎道：「沒想到最後還是讓孫臏這小子成就了一番事業！」隨後，自刎於樹下。齊軍趁勢一鼓作氣，將魏軍全部殲滅，並且還俘虜了魏國的太子申。齊國在這次戰役中是全勝而歸，孫臏的人生從此也具有了傳奇的色彩，名揚天下。

樂毅——善於以少勝多的將軍

在戰國七雄中，燕國相對來說是非常弱小的，根本沒有資格參與到逐鹿中原的爭鬥之中。燕易王去世之後，王子姬噲繼承王位，被稱為燕王噲。

燕王噲在選擇自己的繼承人時，沒有按照常規將王位傳給太子，而是聽信奸人的蠱惑，搞什麼「禪讓制」。結果，王權就落在了奸相的手中。燕王噲三年，太子平與將軍市想要奪回王權但失敗了，燕國大亂。齊國趁機攻打燕國，只用了短短五十天就攻進了燕都薊城，燕王噲在混亂中被殺死。齊國攻佔燕國後肆無忌憚地搶奪錢財，迫害平民百姓，引起了老百姓的不滿，其它強國也都譴責齊國，於是，齊國被迫撤軍了。燕國的貴族共同擁戴太子平登上王位。

平上位後，國內並不安定。西元前三一四年，公子職憑藉其母親也就是秦惠文王的女兒易王后的力量，得到了秦國的支持，打響了王位爭奪戰，並最終擊敗平坐上了王位，他就是歷史上有名的燕昭王。

燕昭王登基之後，一直對齊國的殺父之仇耿耿於懷。他節衣縮食體驗民情，推行了一系列與民生有關的政策，使燕國日益強盛起來。同時他還招賢納士，使各國人才源源不斷投奔而來，樂毅就是其中一個。

樂毅，他的先祖是戰國初期魏國的名將樂羊。魏文侯四十年（西元前四○六年），樂羊率領魏國大軍滅了中山國，因為軍功卓著被封在靈壽。之後，靈壽成了趙國的地方，樂毅家族就成了趙國的臣民。樂毅品行端正，聰穎好學，嗜好兵法，是因為他從小在一個特殊的家庭環境下，受到潛移默化的影響，這就為他以後的建功立業，鋪下了堅實的道路。

　　戰國時期戰爭頻繁，在這種特殊的環境下，就出現了「邦無定交、士無定主」的局面。有抱負有才華的人懷著建功立業的願望，為了在歷史舞臺上大顯身手，紛紛投靠明君。

　　樂毅也走了這條道路。剛開始，他因為才華出眾和善於用兵被提拔為趙國官吏。趙武靈王二十七年（西元前二九九年），趙國發生了沙丘動亂，政局動盪，樂毅很失望，做出了離開趙國的決定。投奔魏邦之後，他擔任大夫一職。不久，樂毅在出使燕國時，出現了他人生道路上的重大轉機，因為他遇見了燕昭王。於是，樂毅放棄了魏國的優厚待遇，毅然決然地留在燕國，擔任「亞卿」這一重要的職位（僅次於上卿的高官），幫助燕昭王主持軍國大事，輔助他上演了一出「克齊興燕」的歷史話劇。

　　樂毅訓練燕軍的同時還輔佐燕昭王進行政治改革。經過二十多年的努力，燕國變得很富有，國庫充盈，為進攻齊國做好了準備。樂毅本人也在這一過程中成為一顆脫穎而出的璀璨將星。

　　燕昭王三十八年時，燕國已經有強大的軍事實力，算得上是國富民強。燕昭王召見樂毅說：「我想攻打齊國報殺父之仇，你看現在可以嗎？」樂毅說：「可以。但齊國是大國，常言道『瘦死的駱駝比馬大』，光靠我們自己的力量恐怕還是打不過它，一定要聯合其它同齊國有矛盾的國家一起攻打它，到那時肯定有必勝的把握。」

　　這個辦法最後被燕昭王採納，他派樂毅去趙國與趙惠文王商量攻打齊國，並請趙國用討伐齊國為理由誘惑秦國讓他們給予援助。又派劇辛分別聯絡楚國和魏國。當時各國都因為厭惡齊閔王驕暴，聽說要聯兵討伐齊國，所以都表示十分同意。

　　西元前二八四年，樂毅返回燕國之後，燕昭王任命樂毅為大將軍，同時趙惠文王也把相印交給了樂毅，樂毅率領全國的將士和五國的軍隊聯合起來興師伐齊。齊閔王聽到這一消息後，親自率領齊軍主

力在濟水（在今山東省濟南西北）之西準備迎戰。後來兩軍相遇，樂毅親自率五國聯軍向齊軍發起猛烈攻勢。最後齊閔王失敗，帶領殘軍逃回齊國都城臨淄。樂毅告訴將士，勝利就在眼下，並且親自率燕軍直搗臨淄。謀士劇辛認為燕軍不能獨自滅掉齊國，反對直搗齊國。樂毅認為齊國軍隊精英已經喪失，國內混亂，燕弱齊強形勢已經逆轉，堅持率領燕軍藉此機會乘勝追擊。

樂毅率領燕軍乘勝追擊齊軍到了齊都臨淄。齊閔王覺得臨淄孤城難守，就率領少數臣子逃離都城前往莒城（今山東省莒縣）。緊接著樂毅用連續進攻、分路出擊的戰法，攻城奪地，軍隊到了齊都臨淄之後，把所有齊國珍寶、財物、祭器運往燕國。燕昭王很高興，親自到濟水前來犒賞、宴饗士兵。為了犒勞樂毅，燕昭王把昌國（在今山東省淄川縣東南）城封給樂毅。

五國軍隊的行動進展很順利，在半年時間裡，連續拿下了齊國七十多座城池，使齊國幾乎瀕臨於亡國的邊緣。至此，燕軍的戰略目標基本上得以實現，樂毅作為一代名將亦名聞遐邇、威震敵膽。

在討伐齊國戰爭的最後階段，樂毅遇到了很大的困難。他在齊國前後征戰五年，大致上已經把齊國平定了，其它地方都規劃到燕國的版圖，然而唯獨莒城和即墨兩座城池一直堅持死守，久攻不下。

這時，樂毅認為，燕國目前雖然是所未有的強盛，但單靠武力攻破這兩座城池肯定不能使他們心服口服，就算是把齊國全部佔領了也沒有辦法鞏固。於是，樂毅決定對莒城、即墨採取圍而不攻的方針，對已經攻佔的地區實行減賦稅，尊重當地風俗習慣，保護齊國本來固有的文化，給予地方貴族好處等收服人心的政策，希望從根本上使齊國瓦解。在當時條件下，樂毅的這種方法不失為一種可行的選擇。

西元前二七八年，燕昭王死後太子樂資登基，是為燕惠王。惠王在當太子的時候就和樂毅有矛盾，齊國的將軍田單得知這一消息後，

就趁機派人去燕國散佈謠言說：齊國人都知道燕惠王和樂毅不和，樂毅暫且緩慢攻城就是不敢回燕國，最怕的就是燕國換將領，換了之後城池就會被攻破，那時老百姓就要遭殃了。惠王聽了之後果然中計，派騎劫去當大將換樂毅回國，樂毅知道回去之後自己肯定不會有好結果，就投奔了趙國，將士們都憤憤不平，從此內部開始不和。田單聽說燕國內部不和就組織反攻，燕軍落荒而逃，騎劫在撤退途中被殺，燕軍一直被驅趕到濟河對岸燕國境內，田單收復了齊國全境。

燕惠王非常後悔聽信謠言派人代替樂毅，導致軍隊戰敗，將軍被殺，之前佔領的齊國的土地也丟了。與此同時，他還怨恨樂毅投奔趙國，恐怕趙國會用樂毅趁燕國吃敗仗之際攻打燕國。

於是，惠王派人譴責的同時去向他道歉說：「先王曾經把全國的將士託付給將軍你，你為燕國打敗齊國軍隊，報了先王的殺父之仇，百姓都為你感動，我也時時刻刻記著你的功勞。可是先王剛剛去世，我又剛登基，錯信了他人讒言，我之所以派騎劫代替你，因為你經年累月地在荒郊野外露營，怕你太辛苦，所以想請你回來休息和你共商國家大事。你卻誤聽傳言，和我產生了隔閡，投奔了趙國。你為自己打算，這樣做是合理的，可你怎麼報先王的知遇之恩呢？」

於是，樂毅慷慨地寫下了著名的〈報燕王書〉，書中針對惠王的無理指責和虛偽掩飾，表明自己對先王的一片忠心，與先王之間的相知相得，斥責惠王對自己的種種責難、誤解，抒發了功敗垂成的感慨，並以伍子胥「善作者不必善成，善始者不必善終」的歷史教訓表明自己不為昏君效忠，不學冤鬼屈死，所以出走的抗爭精神。燕惠王接到書信後很慚愧，並且對樂毅在燕國的妻兒繼續給予很好的照顧，樂毅也像走親戚一樣經常來往於燕趙兩國之間。

無情的歲月流逝的同時也將一代名將的雙鬢染白如霜，樂毅懷著事業未完成的痛苦和惆悵，寂寞地走到了人生的盡頭。

　　史書上雖然沒有記載樂毅在軍事理論上有什麼建樹，但是他指揮五國聯軍連連攻破齊國七十多城池的偉績，也證明他是一位才華橫溢的軍事家。他在〈報燕王書〉中提出的君主用人的思想，封建君主在用人方面的要求；他與燕昭王在攻打齊國的事業中建立的君臣情誼，是封建社會君主和賢士所嚮往的。樂毅先後在趙國、魏國、燕國當過差，有了這段豐富的政治生活經歷，對他開拓視野，增長才幹，叱吒風雲，匡建功勳有著重大的影響。但是樂毅在燕國當差，同多年來齊、燕矛盾激化的形勢更有著不可分割的聯繫。換句話說，燕國求賢士、求強大，是樂毅成為一代軍事奇才的歷史契機。

廉頗──戰國四大名將之一

　　廉頗剛勇，用兵持重，多次帶領軍隊打敗齊、魏等國。西元前二五一年，廉頗帶領軍隊擊敗燕軍，被封為信平君，同時擔當相國一職。趙悼襄王時，廉頗不是很得志，投奔魏都大樑（今河南開封）。後來趙國一直遭到秦軍攻擊，廉頗著急想要回國效力，因為權臣從中作梗，沒能如願。後來在楚國居住，憂慮而亡。

　　趙惠文王初，在東邊六國之中，齊國是最強大的國家，它與秦國均為東方強國。秦國想要向東擴大勢力，趙國在最前面。為掃除障礙，秦王曾多次派兵攻打趙國。廉頗率領的趙國軍隊多次戰勝秦軍。被逼無奈，秦軍改變策略，實行合縱。西元前二五八年，在中陽（今山西中陽縣西）與趙國相會講和，聯合韓、燕、魏、趙五國的軍隊共同討伐齊國，大敗齊軍。其中，廉頗在西元前二八三年，帶趙國軍討伐齊國，長驅直入到齊國境內，攻打並取下了陽晉（今山東鄆城縣西，本為衛國領地，後屬齊），威震諸侯，然後趙國也就成為了六國之首。廉頗班師回朝，被封為上卿（上卿為當時最高級的文官，相當於後來的宰相）。秦國對趙國虎視眈眈而不敢貿然進攻，正是怕廉頗的虎威。之後廉頗率軍打仗，攻無不克，戰無不勝，從而威震各國。

　　西元前二八三年，趙國得到和氏璧，強大的秦國願意用十五座城池來換，於是，趙國派藺相如出使秦國，藺相如僅僅只是宦官繆賢門下的「舍人」。經過繆賢向惠文王舉薦，帶著和氏璧，充當趙國使者來到秦國。藺相如以他的智勇雙全完璧歸趙，取得了對秦國外交方面的勝利。

　　後來，秦國出兵攻打趙國，並且佔領了石城。西元前二八三年，又再度舉兵伐趙，屠殺了兩萬趙軍。秦國大獲全勝之後，約趙王在澠

池（今河南澠池縣西）談判言和。趙王很擔心，表示不想去赴約。廉頗和藺相如協商之後，認為趙王必須前往，以顯示趙國的堅強和果敢。趙王與藺相如一同前去赴約，廉頗在與趙王分別時說：「大王您這次前往不超過三十天，要是超過三十天還不回，請立太子為王，斷了秦國要脅趙國的希望。」廉頗的大將風度和周密安排，給趙王壯了膽量，同時由於藺相如澠池會上不卑不亢、毫不示弱地回擊了秦王施展的種種手段，不僅使趙國挽回了聲譽，而且對秦王和群臣產生震懾，最終使得趙王平安地回歸了趙國。

藺相如的兩次出使秦國，保全趙國不受屈辱，立了大功。趙惠文王十分相信藺相如，封他為上卿，地位遠在廉頗之上。

藺相如地位在廉頗之上，這就使廉頗頗為不服，私底下對自己的門客說：「我廉頗攻無不克，戰無不勝，立了多少汗馬功勞。他藺相如沒什麼本領，就靠一張嘴，反而爬到我頭上去了。我要是遇見他了非得難為他不可！」

這話傳到藺相如耳朵裡，藺相如就裝病不去上朝。

有一天，藺相如帶著門客坐車出門，冤家路窄，很遠就看見廉頗的車馬迎面走來。他馬上命令車夫讓廉頗的馬車先過，在小巷子裡躲一躲。

這事把藺相如手下的門客氣壞了，他們責怪藺相如不該這樣膽小怕事。

藺相如對他們說：「你們看廉頗將軍跟秦王相比較，哪一個勢力大？」

他們說：「當然是秦王勢力大。」

藺相如說：「對呀！天下的各國諸侯都怕秦王。當時為了保衛趙國，我敢當面說他，我怎麼會反倒怕廉將軍了呢？因為我仔細想過了，為什麼強大的秦國不敢侵犯趙國，就因為有我和廉將軍兩人在，

要是讓秦國知道了我們兩人不和，就會趁機來攻打我們趙國。就為了這一點，我寧願忍讓一點兒。」

廉頗聽說了藺相如的話後，靜下心來仔細想了想，覺得自己為了爭一口氣就把國家的利益放在一邊，真是不應該，他更加佩服藺相如的高風亮節，於是脫去上衣露出肩膀，背著荊條，登門向藺相如請罪。藺相如見廉頗來負荊請罪，熱情地出去迎接他。從那以後，他們倆成了很好的朋友，同心協力保衛趙國。廉頗勇於認識錯誤、爽朗率直的性格，更讓人覺得他可親可愛。

從此故事中，我們可以看到，名將廉頗在認識到自己的問題之後，主動「肉袒負荊」登門請罪，這是很難得的氣度，充分顯示了廉頗的大將風範。「將相和」也成為了千古美談。

「將相和」這事發生一年以後，廉頗帶領趙國軍隊攻打齊國，大敗齊軍。西元前二七五至前二六七年的這段時間裡，是廉頗在軍旅生涯中真正輝煌的幾年。他為趙國立下大功，攻打下了齊國的幾個地方，又攻佔了魏國的防陵與安陽兩座城池，他的威望可算是如日中天！

以後的幾年，廉頗漸漸淡出了官場。直到趙惠文王死後，趙孝成王即位，他才開始復出。

西元前二六五年（趙孝成王四年，秦昭王四十五年），秦國將領王齕進攻已經是趙地的上黨。當時趙國的馬服君趙奢已經去世，藺相如也有病在身，自然而然能擔任與秦軍作戰的大將的就剩廉頗了，因為當時他已經任職上卿二十多年，與魏、齊的作戰經驗非常豐富。

為什麼古代的戰爭如此驚心動魄？就在於戰事中經常會出現戲劇性的一幕，一波三折，跌宕起伏，無窮變化的場面時有發生。當時，一個決定性的轉機出現了。

這時，昏庸無能的趙孝成王剛剛繼位。范雎說：「這是一個機

會。」秦王說：「有機會就要把握。」范雎想利用反間計讓廉頗退出戰場，不再帶兵打仗。秦王同意了這個計謀。

於是，歷史上有名的長平之戰，就在他倆的密謀中慢慢地拉開了序幕。此時，年輕氣盛的趙括出場了。趙孝成王剛一登基就對廉頗死守不戰的策略很是不滿，又是指責、發難，又是憤怒、歎息。探子來報連續丟失三座城池和損失了兩名大將，廉頗對此沒有感到驚訝，但卻沒有辦法。

對峙僵局長達三年讓人煩躁不堪，三年的窒息壓抑讓人身心俱疲。戰爭的每一分每一秒都考驗著決策者的耐心、恒心。在兩軍對峙期間，范雎花費昂貴價錢收買的間諜悄悄地潛入趙王的宮內，讓趙王派只會動嘴而沒有實戰經驗的趙括代替了廉頗，趙王因為求勝心切，所以中了對方的反間計。他認為廉頗怯戰，強行罷免了廉頗職務，委任趙括擔當大將軍。

趙括替換廉頗之後，改變了廉頗在時的一切，不僅調換了下層的軍官，連軍事防務也全部更改了。

秦國將領白起聽說趙括代替廉頗之後，即刻率領一支軍隊假裝膽怯的樣子敗走了，趙括不知道是計謀，隨即便下令乘勝追擊，結果被秦軍斷了糧道，軍隊被分成了兩個部分，彼此不能相救。

趙軍被困了四十多天，士兵們沒有糧草充饑已經是疲憊不堪。趙括又不顧士兵們的死活帶兵與秦軍交戰，結果，全軍覆沒，趙括也被秦軍亂箭射死。趙軍大敗之後，幾十萬人的軍隊全部向秦軍繳械投降，萬萬沒有想到的是，他們全部被活埋。趙軍前前後後共損失四十五萬人。第二年，趙國的首都被秦軍包圍了一年多不能解脫。趙國之所以免除了亡國之禍，是因為楚國、魏國等諸侯發兵前來救援。

中國古代歷史上最大規模、最為慘烈的戰役就是長平之戰。戰爭歷經三年之久，趙國四十五萬大軍除了被白起有意釋放的老弱殘疾兩

百四十人回國外，其餘的不是戰死，就是餓死，或者被活埋。如果趙孝成王不中范雎的離間計，依然用廉頗為將領，長平之戰的結局就會被改變，歷史也將改寫。

長平之戰之後，我們最關注的一個人，那就是廉頗及其最後的命運和人生結局。

趙國在經過長平之戰後，國力已經大不如從前。燕國看到趙國的壯士都在長平戰爭中死去，剩下的都是老弱病殘，於是，在西元前二五一年，舉兵討伐趙國。

這時，趙國讓廉頗擔當將領，他將全軍隊伍分為兩路，一路由樂乘率領軍隊直抵代地，用來抗擊西部燕軍，另外一路他親自率領，在都城（今河北柏鄉縣北）迎戰燕軍主力部隊。廉頗的指揮目的是為了保衛鄉土，採取集中兵力打擊敵人正面。首戰告捷，打掉了燕軍的囂張氣焰。緊接著，他率領趙軍打敗燕軍主力，果斷地殺了栗腹。燕軍主帥被斬之後，燕軍驚慌之餘潰不成軍，廉頗抓住燕軍敗退的時機，立刻命令趙軍乘勝追擊，追逐了五百里。在西元前二五〇年，直抵燕國都城薊（今北京市）。燕王眼看國家危在旦夕，只好勉強答應趙國提出的割讓五座城池等全部要求，並向趙國求和。廉頗因為戰功顯著被封為信平君，擔任相國。

不要說廉頗用兵狠，長平戰爭之後，趙國已經沒有辦法與任何一個國家抗衡。他之所以不惜一切代價全力以赴地迎戰燕軍，直逼燕國都城，就是為了給對趙國懷有企圖的國家一個提醒：趙國不會滅亡，因為廉頗還活著！

廉頗擔任相國六七年，多次擊退入侵的敵軍，並尋找合適的時機給予反擊。西元前二四五年，廉頗帶兵攻打魏地籠陽（今河南內黃縣西北）時，就說明趙國國力有所恢復。

長平之戰被免職回家的廉頗，不但失去了權勢，而且連原來的門

客都離開了。等到他再被重用當將軍時，門客們又都回到他的身邊了。廉頗對此感慨頗深，而門客卻告訴他：這不足為奇，現在就是這樣的社會，您有權勢我們就追隨您，您沒權勢我們就離開，這就是買賣常理，您又有什麼好埋怨的呢？

西元前二四五年，趙孝成王去世，他的兒子悼襄王繼位。趙國再一次重複著之前的那個怪圈。又是因為奸臣郭開的一句讒言，廉頗又被罷了官職，取而代之的是樂乘。廉頗本來脾氣就不是很好，誰要是惹著他了，他就要把誰殺了，樂乘沒辦法只好逃走。在這種情況下，廉頗決定離開趙國投奔魏國，魏王收留了他，可是對他卻不信任，更不會對他委以重任。廉頗感到了前所未有的失意、失落與失望。

廉頗離開趙國之後，秦國又來攻打趙國，趙王又開始想廉頗了。廉頗聽說之後內心非常激動，他想回去，因為他還是放不下自己幾乎一生都為之服務、為之奮鬥、為之貢獻、為之犧牲的趙國。

不久之後，趙王就派使者唐玖帶著奇獸之皮縫製的盔甲一副和四匹良馬，到魏都大樑去慰問看望廉頗。見了唐玖，讀完趙王熱情洋溢的邀請函之後，廉頗難以按捺住內心的激動，和唐玖吃飯的時候，他狼吞虎嚥，一頓就吃了一斗米飯，十斤肉食。吃過飯之後，又將趙王所賜的盔甲披掛在身，飛身一躍騎上趙王所賜的良馬，抖了一下韁繩，立刻飛馳而去，一路舞動長戟，再次顯示他當年的威風。

廉頗努力的表演，讓唐玖看得眼花繚亂。他萬萬沒有想到，唐玖在來之前，奸臣郭開就暗中花高價把唐玖賄賂收買了，唐玖回去肯定不會把廉頗給他展示的如實告訴給趙王。所以唐玖回去之後就告訴趙王，廉將軍身體還行，飯量也還好，但的確是老了，我和廉將軍聊天的時候，他一會兒就去了三次茅廁。因為奸臣從中作梗，廉頗沒有得到再次為國效勞的機會。

楚國聽說了廉頗在魏國，就暗中派人把廉頗接到楚國。廉頗擔任

楚國將領之後，沒有建立什麼功勞。他說：「我思念趙國的人。」
（《史記·廉頗藺相如列傳》）流露出廉頗對祖國鄉親的眷戀之情。
到最後趙國終究還是沒能重新起用他，導致這位為趙國做出重大貢獻
的一代名將廉頗，最終因為抑鬱不樂，老死在楚國的壽春（今安徽省
壽縣）。十幾年之後，趙國被秦國滅亡。

在今安徽省壽縣城北七公里的八公山之放牛山西南坡上立著廉頗
的陵墓，墓面西，周長三百米，西面臨近淮河，南面北面東面三面環
山，一代風流領山川之勝，英風浩氣激蕩千秋。

廉頗是戰國時期一位很有才華的傑出將領，他征戰數十年，攻下
城池無數座都沒有過敗績，為人又有廣闊的胸襟，坦誠待人，勇於知
錯就改。正如司馬光所言，他的一生是「一身用與不用，實為趙國存
亡所繫。此真可以為後代用人殷鑒矣。」這一句話既概括了他一生的
榮辱，又揭示了人才與國家興衰存亡的重要關係，值得後人深思。

白起──支撐秦帝業的「戰神」

　　戰國時期最為顯赫的大將白起，是中國古代歷史上戰功最輝煌的將軍，他征戰沙場三十多年，只要聽說是他帶兵來戰，六國軍隊就嚇得潰不成軍。史書上有準確的記載：所有的國家都不敢與秦國交戰，就是因為秦國有白起將軍。一個將領到了這樣一種讓人聽了都不敢交戰的地步，這在歷史上是很少見的。他為秦國的統一大業立下了汗馬功勞，他是中國兵法的最高實戰典範，他就是「戰神」──白起。

　　白起是古代中國歷史上最偉大的軍事家之一，他位列戰國時期四大名將之首。白起的長相說起來有點與眾不同，頭部尖尖的像一根長矛，這種相貌在相書上被稱作為兵神。

　　白起少年時期就參了軍，憑藉著對兵學佈陣的通曉和精湛的武功，很快就在數十萬大軍中脫穎而出。面對種種讚譽，白起異常冷靜異常清醒，他屢屢拒絕了軍中主將對他的破格提拔，硬是要自己從伍長、什長、卒長、百夫長、千夫長一級一級地從基層做起。

　　當上大將的時候，他還不到三十歲。

　　西元前二九四年，白起出兵攻打韓國、魏國，一舉成功攻佔新城（今河南伊川西南），白起因此被封為左更。第二年，韓國、魏國任命公孫喜為主帥，率領聯軍二十四萬人進軍伊闕攻擊秦軍。伊闕為韓、魏門戶，兩座山對峙，水流在山間流過，地勢險要。聯軍在此守候，和秦軍呈對峙狀態。秦軍在數量上只有韓、魏聯軍的一半，但韓、魏兩軍為保存各自的實力，相互推諉，不肯先去作戰。白起看到這種情況，運用集中部隊的兵力、逐個擊破的戰術，先設偽裝的士兵牽制聯軍主力韓軍，然後出其不意地猛烈攻打魏軍，一舉成功將其殲滅，並且把對方軍隊主將犀武殺死。隨後立即攻打韓軍。韓軍側翼軍

隊暴露，遭到秦軍的夾擊，潰不成軍，白起乘勝追擊，又把韓軍全部殲滅，俘虜了韓國主將公孫喜，攻下五座城池。

這場戰爭，白起抓住聯軍互相推諉、自保實力、不肯先戰的這一戰機，殲滅了韓、魏全部聯軍。此戰是先秦戰史中一次較大規模的戰役，且是以少勝多的殲滅戰。戰後韓、魏兩國精英將領喪失，迫於無奈獻地求和。白起也因為戰功顯耀被提升為國尉，開始了他輝煌的軍事歷程。自從那次統兵出戰之後，白起每次出戰都是勝者。他用兵不拘一格，刁鑽猛狠，逢戰必勝，攻擊了就必須取得到城池，以至於若干年後聽說是白起統軍出戰，山東六國竟然沒有人敢帶兵與他交鋒。戰國時代名將輩出，恐怕也只有他才能做到這一點。對秦國全國上下來說，白起是全國的英雄；而對於其它六國朝野來說，白起是永遠揮之不去的夢魘。

秦昭王十五年，白起被提升為大良造，冬天出兵攻打魏國，攻陷了六十一座池，打破了「冬天不能用兵」的傳統習俗，為秦國向東擴展實力打下了堅實的基礎。冬天攻佔了魏國的河內地區，這也是他軍事生涯中一個永恆的亮點。

白起遠遠不止是戰場上的一員猛將。在狠狠地打擊了韓國和魏國之後，白起又瞄準了腹大中空的楚國。西元前二八〇年，秦昭王決定從西向東經過巴、蜀等地對楚國實行迂迴作戰方針，直抵楚國腹地黔中。秦昭王命令大將軍司馬錯率領大軍從隴西進入今四川。

秦國軍隊戰勝重重困難，翻越了岷山山脈、摩天嶺山脈、雲貴高原等地，終於到達楚國後方，給了它一個出其不意的攻擊。當時，楚國軍隊主力在西北部秦、楚邊境前線集結，卻遭到司馬錯突然進攻，楚軍後方空虛，沒有來得及防守，丟失了大片土地。秦國軍隊攻佔楚國黔中郡。楚國頃襄王被迫獻上庸和漢水以北地區給秦國。但是，地大物博的楚國仍是秦國向東進攻的隱患。第二年，秦國首先通過外交

途徑孤立楚國，秦昭王與趙惠文王在澠池（今河南澠池西）結盟，用來解除攻打楚國時來自北側的威脅。隨後立即命令白起率領數萬名士兵攻打楚國。

此時，雖說楚國地大物博，士兵眾多，但楚頃襄王昏庸無能，奸臣當權，政治腐敗，民心不能集中，守備鬆散。從懷王開始，楚、秦交戰多以秦國勝楚國失敗告終，楚國人害怕秦國的聲威。白起決定直抵入楚，直接搗毀腹心，給楚國來一個毀滅性的打擊。經過周密的策劃，選擇由藍田（今陝西藍田西），路過商地，經過丹水流域出武關，再順著漢水向南下去，既方便漢水流域豐饒的糧草給軍隊補給，又可以出其不意突然進入楚境，攻打奪取主要分佈在漢水流域的楚國重要城鎮。白起命令秦軍過河拆橋毀船，自斷歸路，表示此戰必勝。

楚軍害怕白起，又因為在本國發生戰事有後顧之憂，無法抵擋秦國的精銳將士的猛烈攻擊，節節敗退。秦軍長驅直入，迅速攻佔奪取漢水流域重要地方，直抵楚別都鄢（今宜城東南）。鄢地理位置十分重要，鄢要是失守楚國就危險了。楚國為保護別都，緊急調主力軍隊防守鄢地。秦軍在此遇到了進攻楚國以來最頑強的抵抗，幾次攻擊都沒有攻下來，然後就改為水路攻擊。在距離鄢城四百里處築堰攔水，蓄到了一定高度就放水淹城。滔滔洪水吞沒了鄢城，軍民死傷有十萬，水面上漂浮了很多屍體，秦軍隨後佔領了鄢城。

秦軍殲滅了鄢城的楚軍後，白起向西渡漳水和雎水，攻打西陵，扼住長江，截斷了郢與西面巫郡的聯繫。然後又沿著長江向東攻打，燒了夷陵楚王的宗廟，直抵郢都。楚頃襄王匆匆向東逃離，白起一直追到了競陵才停止，競陵的西面、北面廣闊的地區都歸秦國所有。秦國在郢地設置郡府，委任官員治理。

這場戰爭是中國古代戰爭史上深入敵國作戰的著名戰例。這一戰，秦國選擇了最佳的出兵時機和進軍路線，取得了攻打楚國的戰略

主動性。孤軍奮戰在楚國境內，等於置之死地而後生，集中使用兵力，主要在速戰速決，攻擊楚國要害，終於把楚國給攻打下來了。攻打鄢郢之戰，展現出了白起超人的膽略、精明勇敢的作戰指揮能力。

在此戰中，白起從一開始就改變了以前各國用兵的做法，在最短的時間裡從無到有，訓練出了秦國的水師，從江州出發向東進攻，一舉擊潰了強大的楚國水軍，攻下楚國的都城郢，楚王不得不逃離都城。攻打楚國的戰爭對白起來說意味著無比的光榮，他再一次讓各國知道了他的厲害。白起因戰功卓著被秦昭王封為武安君。

白起一生征戰三十七年，經歷了大大小小的戰役百餘起，攻下城池七十多座，有勇有謀，他為秦國的統一大業立下了汗馬功勞，他的戰績至今被世人所傳頌。而白起的巔峰之戰就是長平之戰。

西元前二六六年，范雎代替魏冉成為秦相之後，實施了「遠交近攻」的戰略方針，認為「秦國的後面是韓國，若木之有蠹，人之病心腹」，所以主張先攻打韓國。韓王聽了之後非常恐慌，派使節到秦國，表示非常願意把上黨郡（今山西長治）獻給秦國以求和平。但是韓國的上黨太守馮亭卻不願意把上黨獻給秦國，為了讓韓國和趙國兩國聯合起來抵抗秦國，韓王主動將上黨郡給了趙國。趙王貪圖眼前利益，目光短淺，也不管什麼後果，就接受了上黨，並且把上黨劃入了自己國土。趙國的這一舉動，無異於是從秦國嘴裡搶肉吃，秦王很不高興，在西元前二六一年，命令左庶長王齕率領軍隊攻打上黨，上黨的趙國軍隊不敵秦軍，丟了上黨。趙王聽說了秦國派軍向東進軍，馬上派廉頗大將軍率領趙國的主力部隊抵達長平，想要奪回上黨，戰國時期最大規模的戰役長平之戰就此拉開了序幕。

廉頗率領趙國的主力軍到了長平之後，立即向秦軍發起猛烈進攻。但是由於秦軍強趙軍弱，趙軍接二連三地敗陣，損失很大。廉頗考慮到實際的情況，及時改變了戰略方針，下決心把主動攻擊改為防

守，佔領有利的地形，築起堅固的堡壘，以逸待勞，讓秦國的士兵攻打得身心疲憊。廉頗的這個戰略方針起到了作用，秦軍的猛烈進攻勢頭被抑制了不少，兩國軍隊在長平那裡對峙。

為了打破這一僵局，秦國的丞相范雎派人帶著重金到趙國行賄權臣，並用離間計的方法詆毀廉頗和派人散佈謠言。趙孝成王本身就是一個沒有主見的人，再加上埋怨廉頗接二連三打敗仗，士兵傷亡慘重，還有就是嫌棄廉頗在堡壘中防守不肯出戰，於是，派趙括去代替廉頗當將軍。只是此時此刻他還不知道，只要他的這一命令一下，不久的將來就會斷送了趙國數十萬士兵的性命。

趙括被封為將軍之後，狂妄自大，以為自己天下無敵，每天在邯鄲街頭出現，明目張膽地炫耀，對滿朝文武大臣隨意斥罵。將士和趙括討論軍事的時候，趙括總是口若懸河，他到了長平之後，反對廉頗的所有做法，更改了作戰方針，由防禦變為進攻，改變了軍中所有的制度，弄得全軍上下官兵離心離德，鬥爭意志很消沉。

秦王看見他們中了離間計之後，立刻任命驍勇善戰的白起為將軍，出任秦軍統帥。為了避免讓趙國軍隊發現白起當上了將軍，秦王命令軍中對此消息嚴格保密。

白起來到軍營之後，開始為早日結束這場持久的對峙戰爭做起了準備。面對驕傲自大、魯莽輕敵的對手，又觀察了上黨山地的獨特地形，針對趙國軍隊輕銳快捷的特點，白起為秦軍制定了向後撤退誘惑敵人和把敵人分割圍剿的戰法，做出了以下部署：第一，把前面的部隊轉變為誘惑敵人的部隊，等趙軍主動出擊之後，再向主陣地長壁撤退，誘惑敵人深入到長壁。第二，利用長壁的有利地形構築出口袋形狀的陣地，用主力軍進行防守，準備抵禦趙軍的進攻，並且組織一支精銳的突擊部隊，準備在趙軍被圍攻之後，主動出擊消耗和磨損趙軍的銳氣。第三，把二萬五千人埋伏在兩旁，等待趙軍主動出擊之後，

迅速插到趙軍的後方，果斷地切斷趙軍的退路，完成對趙軍主動出擊的合圍。第四，用騎兵五千人慢慢滲透到趙國軍營的防禦陣地中，牽制並且監視留守的趙軍。

訓練有素的秦軍精銳將士很快就按照白起的部署行動，使趙軍進入了早就準備好的包圍圈裡，並且快速地佔領了趙軍通往趙國的僅有的幾個重要路口。

八月，趙括在不瞭解對方軍隊的情況下，貿然採取進攻。秦軍假裝失敗，實際上是暗中設置奇兵挾制趙軍。趙軍乘勝追擊到秦軍的壁壘，白起命令兩側的奇兵迅速出擊，並且將趙軍果斷地截為三段。經過幾次慘烈的戰鬥之後，秦軍終於完成了斷道分敵的戰略部署，並開始了對趙軍的長久圍困。

秦昭王得知趙軍被秦軍包圍的消息之後，親自到河內，並把當地十五歲以上的年輕男子編成了一支軍隊，增援給長平戰場。這支部隊佔據了長平背面的丹珠嶺和該地方以東一帶的高地，阻絕了趙國派去的援軍和後勤補給，從而保證了白起徹徹底底地殲滅了被圍困的趙軍。

九月，趙軍被秦軍斷糧已經長達四十六天，軍隊內部為了食物互相殘殺，軍心徹底動搖了，局勢非常的危急。看到這種情況，趙括組織了四支突圍部隊，輪番衝擊秦軍的陣地，希望可以殺出一條血路，突圍出去，但是效果不盡如人意。絕望之中，趙括孤注一擲，親自帶領趙軍的精銳部隊強行突圍，但是結果仍然慘敗，自己也被秦軍亂箭射死。趙軍失去了主將，完全喪失了鬥志，不再做無謂的抵抗，全部繳械投降。此戰秦軍一共殲滅了趙軍四十五萬人，取得了最後的勝利。

長平之戰中，秦國取得了勝利，從而也取得了統一六國的制勝權，最終建立了中國歷史上第一個大一統的王朝。

中國歷史上最早、規模最大、最徹底的圍殲戰就是秦國和趙國之間的長平之戰。它的規模之大，戰果之輝煌，在世界戰爭史上也是罕見的。白起淋漓盡致地展現出了他卓越的軍事才能，使自己成為繼孫武之後，中國古代歷史上又一個卓越不凡的軍事將領。

司馬遷評價白起，認為其功高過西周開國元勳周公姬旦、召公姬奭和姜太公呂望，這是對白起一生軍事生涯的最高評價。但是，功不抵過，白起活埋趙軍數十萬士兵是一種罪孽，使他到最後不能善終，也受到後人的批判。

其實，白起在臨死時也認識到他活埋投降士兵罪不容赦。史料記載，白起被秦王貶職之後回到家鄉，剛剛走到咸陽西門裡路，秦王就派使者送來寶劍，責令他自殺。後來白起把劍放在脖子上，感慨地說：「我本應該死。長平之戰，趙國的數十萬士兵已經投降，但還是被我給活埋了，我死不足惜。」之後就自殺了。

秦國歷史上最偉大的統帥就屬白起了，長達三十七年的征戰生涯中，共殲滅六國軍隊一百多萬人，攻下六國的大小城池七十多座。他一生從來都沒有打過敗仗，而且經常是以少勝多，可見，他既是高明的戰略家又是高超的戰術家。

白起一生征戰四方，創造了一次又一次的軍事史上的奇跡，為秦國日後的統一大業奠定了堅實的基礎。白起當將領，剛毅果斷，有勇有謀，善於攻取，很會使用「謀攻」之戰略，不是速戰速決，就是長久圍困，或者是長途跋涉地偷襲，或連續進攻，根據地勢做出敵人不能預料的作戰方針。難怪司馬遷稱讚白起「料敵合變，出奇無窮，聲震天下」。

白起的作戰指揮藝術代表了戰國時期戰爭發展的水準。白起用兵喜歡分析敵人和本軍隊的形勢，經過分析之後，再做出冷靜的判斷，果斷地採取正確的作戰方針，對敵人發起雷鳴電閃般的猛烈進攻，直

到把敵人全部消滅為止。戰無不勝，攻無不克，來描述白起的軍旅生涯正是恰如其分。但是，由於白起殺死無辜的敵人太多，所以後人常常把他叫做殺人魔王，甚至有的史學家認為，白起從根本上就不能算是一個名將。實際上，在世界軍事史上，白起都佔有非常重要的地位！

王翦──下場最好的戰國名將

　　在中國歷史上，因為功高震主，招致殺身之禍的良將不計其數。
但也不缺少真正勇猛、兼具聰明才幹的武將，這些人不但可以輔助君
主成就一番千古霸業，還可以保全自己，在中國歷史的舞臺上留下了
千古美名，這著實讓人欽佩。而秦國的大將王翦就做到了這一點，他
確實是一個有勇有謀的將才，堪稱「戰國四大名將」裡面下場最好的
一位。

　　王翦出生在關中頻陽縣的一個尋常百姓家。那是一個英雄群起、
諸侯爭雄的亂世，各個諸侯國之間為爭奪土地與人民，各國之間鉤心
鬥角，戰爭頻頻發生，士兵的白骨堆積成山，百姓流離失所。親眼見
到身邊的親人失去了家園，看著哀鴻遍野、滿目瘡痍的大地，和那些
流離失所、慘遭荼毒的老百姓，年輕的王翦心裡非常難過。在那時他
就發誓，要練就一身好武功，熟讀兵法，報效國家。在十八歲那一
年，王翦聽聞有招兵的消息，就立刻報名應徵，決心在疆場之上英勇
殺敵。因為王翦英勇善戰，文武雙全，多次立下奇功。秦始皇非常欣
慰，對王翦器重有加，王翦的職位得到迅速的擢升，一度榮登大將寶
座，與此同時，秦始皇還授予他統率大軍的權力。

　　秦王嬴政十八年，秦始皇兵分兩路，希望可以一舉將趙國殲滅。
王翦由郡上出發，出兵井陘，另外，楊端和率領精銳部隊從黃河北岸
開始一舉攻佔趙國的南部地區。誰知碰上了趙國大將李牧，兩軍足足
僵持了一年多，仍舊勝負難分，雙方均有得失，但是秦軍久久不能夠
得勝，可見情況並不樂觀。為了盡快結束戰爭，秦軍採用反間計，在
教唆之下致使昏庸的趙王殺死了李牧。李牧死了，秦軍便沒什麼好怕
的了，在短短時間內，王翦就再一次做好了與趙軍決戰的準備，秦軍

士氣大振。王翦率領秦軍很快就在東陽一戰中擊潰了士氣低落、軍心不穩的趙軍，趙蔥死在了戰爭中，趙王遷與顏聚成為俘虜，趙國滅亡。雖然趙公子嘉這只漏網之魚逃往代郡，並自立為王，但趙國早已經不復存在了。趙國的大面積國土均歸秦國所有，成為秦郡。

秦王嬴政二十年，這一年是驚心動魄的一年，荊軻刺秦王就發生在這一年，而這正為秦始皇討伐燕國提供了藉口。於是，秦始皇立即派王翦率領大軍攻佔燕國。燕王喜與代王嘉聯手抵禦秦國的百萬大軍，燕、代兩國的聯軍由燕太子丹率領。最後，太子丹兵敗於易水河邊。王翦趁機攻克了燕國的都城薊，而且取下了太子丹的首級。燕王喜逃亡遼東地區，燕國滅亡了。

在攻取了燕國的都城薊之後，王翦便稱病，希望秦始皇可以恩准其告老還鄉，頤養天年。而這時的王翦正處在事業的巔峰期，怎麼可能捨得放棄自己的事業歸隱山林呢？王翦非常的聰明，他深知功高蓋主必會遭到君主和他人的忌憚，到最後必然不得善終。俗話說「伴君如伴虎」，與其將自己置於水深火熱之中，倒不如告老還鄉享享清福，反正自己也已經功成名就了，也不會有所遺憾了，還是把建功立業的機會留給自己的下一代吧！

秦王政二十二年的時候，秦始皇讓王翦的兒子王賁帶兵攻打楚國。正所謂有其父，必有其子，王賁從小耳濡目染，深得王翦的真傳，一舉攻退楚兵，捷報連連，秦始皇龍顏大悅，說：「真不愧是王翦的兒子。」

秦國接連獲勝，勢如破竹，橫掃六國，繼而殲滅三晉，多次打敗楚軍。秦始皇一心想要滅亡楚國，但苦於楚國地域寬廣，人傑地靈，不僅物產豐美，而且人才輩出，其實力不容小覷，成為當時秦國爭霸的最強勁的對手。

在滅楚之戰到底需要多少兵馬的事情上，秦始皇久久拿不定主

意，便開始徵求眾位將士的建議，但一直未有答案。秦始皇便問王翦如何看待此事，王翦道：「若沒有六十八萬大軍，恐難攻克楚國。」「六十八萬？」秦始皇被這樣一個龐大的數字嚇了一跳，這可是秦國到目前為止能夠聚集的最大攻擊力量。再加上秦始皇生性多疑，怎麼可能將全軍託付於他人呢？由於李信屢立戰功，深得秦始皇的信任，於是秦始皇便決定將這個艱巨而重大的任務交到年輕將領李信的手裡。於是，他便對王翦說：「王將軍年事已高，就連膽子也都變得小了，而且李信將軍英勇善戰、果敢威武，他所說的話也非常有道理。」於是，秦始皇任李信和蒙恬為大將軍，率領二十萬大軍南下討伐楚國。因為秦始皇不信任自己，於是王翦便託病辭官，回老家養老去了。

秦軍兵分兩路，李信率領一路大軍攻下平與，而蒙恬率領另一路軍隊攻克寢丘，大敗楚軍。李信乘勝追擊，繼而攻佔了鄢、郢等地，繼而率領大軍向西進軍和蒙恬軍在城父會師。這時，項燕所率領的楚軍正尾隨其後，已經連續三天三夜馬不停蹄地追趕。李信年輕氣盛，再加上英勇善戰，接連勝利，免不了有一些心高氣傲，得意忘形的他，竟絲毫沒有察覺到楚軍的一舉一動。在接連幾天的尾隨之後，楚軍終於尋到了一個大好機會，迅速向李信的部隊發起猛烈的進攻，接連攻佔了秦軍的兩座營壘，斬殺了秦軍七名都尉，秦軍大敗，落荒而逃。

李信軍慘遭楚軍的偷襲，損失慘重。秦始皇在得知這個消息之後，龍顏大怒，此時的秦始皇十分想念王翦，他深知王翦是一個非常有遠見的軍事家，於是，便親自去請王翦，希望王翦可以重出江湖。在見到王翦之後，秦始皇首先向王翦誠心道歉，王翦在聽完秦始皇的懺悔後，雖然很想回到沙場，繼續征戰，再顯雄威，但是他深知秦始皇疑心很重，尤其是對自己。於是王翦選擇以退為進，婉言拒絕了秦

始皇。秦始皇心知肚明，若不拿出誠意，是很難讓王翦出山的。王翦的要求是指派給他六十八萬大軍，否則一切免談。秦始皇一心想要滅楚，以消心頭之恨，六十八萬就六十八萬吧，秦始皇非常爽快地答應了。

王翦率領六十八萬大軍出兵伐楚，為此秦始皇還親自送王翦到灞上。在王翦出征之前，曾多次請求良田、屋宅和園地，秦始皇都欣然答應了，而且大笑不止。在王翦伐楚的過程中，王翦一次又一次請求秦王多給他一些封賞。

王翦率領大軍討伐楚國，並不怕不能夠一舉將楚軍殲滅，卻對於「美田宅園池」頗為上心，再三求得賞賜，目的就是為了讓秦始皇安心。若是這一次王翦可以得勝班師回朝，功高蓋主，必定會遭到秦始皇的忌憚，王翦是一個何等聰明的人，他早料到了這一點，但是他絕對沒有謀反之心，所以不得不為自己找到一條退路，以便日後全身而退。

薑還是老的辣，之後，王翦博得了秦始皇的信任，最後得以善終。

司馬穰苴──媲美姜子牙的軍事家

　　司馬穰苴，原名田穰苴，自小在市井間長大，在晏子擔任相國後，曾設計除掉了幾位武夫，這就是著名的「二桃殺三士」的典故，也就是三個年輕氣盛、意氣風發的武夫賭氣相繼自刎。沒過多久，晏子便向齊國的君主齊景公舉薦了司馬穰苴，在齊景公的面前極力誇讚司馬穰苴，說他非常擅長戰術，打仗也是相當神勇，一個可以當三個用，最重要的是他是一個文武全才。但是，剛開始齊景公並不是非常器重他。就在這時，晉國的軍隊頻頻入侵齊國邊境，百姓民不聊生，此時燕國也趁虛而入，和晉軍一起攻伐齊國，齊軍屢戰屢敗，在無可奈何之下，齊景公才讓晏子去請司馬穰苴入朝，有意封他為將軍，領兵出征。

　　當齊景公接見司馬穰苴的時候，司馬穰苴便將自己的生平所學一點點向齊景公訴說，而且說了非常多有關兵家與治國方針方面的事情。聽到這些之後，齊景公大為吃驚，立即封司馬穰苴為大將，即日起親自率領五百乘戰車出征，把晉、燕兩國的軍隊逐出國境。

　　司馬穰苴受命後，覺得自己的身份卑微，恐沒有能力統領三軍，在思考了片刻之後，便對景公說道：「大王，您可不可以指派給我一個極具威嚴，有權勢的臣子做監軍，如果這樣的話，我的命令就非常有威望了。」齊景公仔細思量了一番，覺得也對，於是就派了自己的寵臣莊賈。莊賈追問司馬穰苴何時出兵，司馬穰苴不假思索地說道：「行兵之日不能拖延，就選在明日正午吧，到時我會在軍門等候你，切忌不要延誤了出征的時辰！」穰苴再三囑咐他，唯恐他遲到。

　　莊賈博學多才，少年得志，生性狂妄自大，為人更是十分驕縱，

再加上齊景公的寵愛，平日裡沒有人敢招惹他，就連晏子都要禮讓他三分，所以他根本就沒有將這個出身卑賤的將軍放在眼裡。像他如此尊貴的身份，不知道有多少大臣想要巴結他，因此在第二天上午，有非常多的人前來為他餞行，說是餞行，其實就是藉此機會送些禮物，之後再請他吃飯喝酒，所以一直到中午時分還沒吃完飯。

司馬穰苴很早便到了軍門，一直在此等候他的到來，可是左等右等都不見他的人影，情急之下，司馬穰苴便一次又一次派人去催，但是莊賈完全沒有放在心上，充耳不聞。就這樣，司馬穰苴等到夜幕降臨，還是沒有見到莊賈前來，他見時間不早了，若是遲遲不肯出征定會影響軍隊的士氣，於是便先行一步獨自一人到軍中部署行軍紀律以及作戰方法，以及分派人選等一切事宜，等到將所有的事情全部部署完畢，莊賈才乘著馬車緩緩而來，下車之後，盡顯酒醉之態，司馬穰苴見狀，大怒不已。

士兵攙扶著莊賈走上將臺，司馬穰苴冷面問道：「監軍為何會遲到呢？」莊賈不假思索，擺了一下手勢，說道：「由於今日遠行，所以親朋好友都來為我送行，盛情難卻，一時很難脫身啊，所以就來遲了一些。」

司馬穰苴正色說道：「你知道自己犯了軍法嗎？自古以來，只要是從軍打仗之人，就應該將自己的生死置之度外，將自己的全部身心投入為國家君王盡忠當中，即便是在槍林箭雨中也一樣要勇往直前，忘記自身。就如同現在，敵國正在侵犯中國的邊境，百姓陷於水深火熱中，君主把三軍將士交在我們的手裡，就是希望可以早日擊退敵人，救萬民於水火，這時的你怎麼還能有閒情喝酒取樂呢！」莊賈絲毫沒有將司馬穰苴的話放在心上，不為所動地說道：「將軍說的非常有道理，但是現在並沒有延誤行期啊，將軍趕緊商量部署吧，哪裡還有時間婆婆媽媽教訓我。」

　　司馬穰苴聽後火冒三丈，拍案大喝：「你依靠著君主對你的寵信，就可以如此怠慢軍情，若是現在正在和敵人交戰，你這樣的行徑豈不是要壞了大事，你的眼裡可有軍法？軍法官！」軍法官聽到傳喚，走上前，司馬穰苴問道：「延誤軍情的人該以什麼罪刑論處？」軍法官大聲道：「按道理應該問斬！」其實，軍法官早就已經恨透了這個狗仗人勢、恃寵而驕的傢伙，說出來之後感覺甚是痛快。

　　雖然莊賈喝得非常多，但一聽到「斬」字，立刻就變得清醒了，於是轉身就要往後走，司馬穰苴怎麼可能會讓他走呢，於是命令自己的手下：「把這個目無軍紀的人給我綁起來，立即推出轅門斬首！」士兵聽到後迅速跑了過來，將莊賈用繩子五花大綁捆了起來。莊賈嚇破了膽，之前的傲氣竟然全都沒有了，跪在地上開始一個勁地哀求，但絲毫沒有起到作用，士兵將莊賈押至轅門。莊賈的僕人見到這種情況，馬不停蹄跑去告訴齊景公，景公一聽急忙派使者前去轅門營救。但是當使者趕到轅門的時候，莊賈的腦袋早已經被砍下來懸掛在轅門之上，使臣駕駛馬車瘋狂衝入軍中，司馬穰苴見到之後，喝道：「軍中不可以馳車，使者該當何罪？」軍法官再一次說道：「理應問斬！」

　　這時候，趕來通知刀下留人的使臣聽到要問斬，腳都軟了，說道：「饒了我吧，我只是奉命前來的，請您手下留情，不要殺我！」司馬穰苴道：「你既然是奉旨前來，我可以饒了你，但軍令如山，軍法不可以如同兒戲一般！」司馬穰苴便下令，將和使者一同前來的馬殺了，代使者一死，這匹馬可不是一般的馬，這是景公最心愛的馬，誰知竟被司馬穰苴一句話殺死了，使臣知道是自己命大才撿回了一條命，於是，連滾帶爬地跑了回去。

　　將軍們見到田穰苴很有大將之風，而且說話從不含糊，更不會兒戲，於是對他都十分佩服。司馬穰苴在處理完這些事情後，立刻下令

行軍，這時三軍的士氣大振，勇往直前，殺向邊境。晉軍在聽到這件事之後，心生怯意，經過再三思索，覺得這場仗不能打，於是立即下令撤軍。但是，燕軍撤得稍微慢了一些，和齊軍展開激戰，齊軍一路窮追猛打，燕軍的損失慘重。此次出征，司馬穰苴收復了許多失地。

司馬穰苴班師回朝，齊景公這才恍然大悟，知道這個人確實是一個不可多得的良將，於是將他冊封為大司馬，因此世人便都稱呼他為司馬穰苴。

思想理念主宰者——思想家

孔子——儒家學派的創始人

　　孔子很小的時候，他的父親就去世了，家境比較困難。年少時，為了生計，他給別人看過倉庫，也放過羊，即便是在這麼困難的情況下，孔子都沒有放棄過自己的學習。在孔子十五歲的時候就已經學以致用，在三十歲的時候開始廣泛講學，他的這一舉動，打破了一直主張「學在官府」的文化傳統，使得進步的思想和學術可以流傳於民間。

　　孔子辦學的學府並沒有一個比較固定的地點，而是經常帶著自己的徒弟去各國拜訪學習，在孔子的眼中，學術並沒有什麼界線，不管你是一個什麼樣的人，只要是真心向學，他都會將你收下，這就是他一直主張的「有教無類」。也正是這個原因，使得很多的人都慕名而來，拜他為師，跟他學習一些知識。而孔子帶領著自己的弟子周遊四方，這樣的教學方式，不僅讓徒弟們開拓了眼界，增長了見識，而且孔子這麼做也有著自己的目的，那就是走遍所有的國家，去遊說每個國家的君王。

　　對於周禮之說，孔子非常感興趣，哪怕後來他已經滿腹才華，但是仍然沒有停止對此的研究和學習。

　　在他年輕的時候，有一次，孔子去了魯國人用來祭祀周公的廟堂，每當看到自己不理解的禮節或者是祭祀物品，孔子都會虛心地向有關的人員請教。而有的人看見孔子這樣，就說道：「這難道就是傳說中對周禮之說非常熟知的那個人嗎？你看他現在問東問西，根本就是什麼也不懂，還一直纏著別人問個不停，真是一個可笑的人哪！」

　　孔子聽到這句話之後，回答道：「自己既然不懂得，那麼就要學著去問啊，這正是體現了禮字啊！」聽了這句話，剛才諷刺孔子的那

個人也就不再說話了。有一句話相信我們都已經熟知了，那就是「知之為知之，不知為不知，是知也。」也就是說，知道的就是知道，不知道的就是不知道，這才能稱為知字。孔子為了學到更多的知識，曾經向和他處在同一時期的老子等人虛心請教。孔子還說過一句話：「三人行，必有我師。」在他的觀念中，他可以為了樂理而「三月不知肉味」。可以說，他被稱為至聖先師和他的這種學習精神是分不開的。

在孔子的眼中，周禮中的思想便是最正統的，人們擁有了它的這種思想，那麼天下就會太平，人們也會過上安居樂業的日子。當時，有卿大夫批判周禮的學說，孔子聽說了之後，勃然大怒，說道：「是可忍孰不可忍」，周禮學術就是孔子眼中最高的行為準則，如果連周禮學說都能夠隨意摒棄，那麼這世上，還有什麼事情是人們不可以做的呢？

實際上，孔子對周禮學說已經達到了癡迷的地步。在周王朝衰敗的時候，四方諸侯崛起，那個時候的周禮學說早就已經是名存實亡了，就連當時的天子對自己的臣子都沒有了震懾力，哪還談得上什麼禮法呢。在那個時代，只有你的手中掌握了實權，你才有理；而倘若你的手中毫無實力，那麼所有的一切也就變成空談了，就算是那些四方起兵的霸主們，也是因為他們的手中有著實力強大的軍隊，這才得以能夠號令諸侯。所以說，在當時，孔子所宣導的周禮學說並不受到人們的贊成，那麼他的心中有氣也是可想而知的。

孔子和自己的弟子周遊到了齊國，當時是齊景公在位，孔子就前去勸說他，希望能夠尊崇周禮學說來制定一些相應的禮節，可以對人們起到很好的約束作用。剛開始的時候，齊景公心中倒是挺想重用孔子的，但是最終還是被當時的丞相晏子阻攔了下來。

在晏子的眼中，孔子幾乎是完全沉迷於這種繁瑣的禮儀當中了，

但是在這個時期，周禮學說早就已經成為過去，現在是一個知人善用、求賢若渴的時代，當下國君需要做的就是不斷壯大自己國家的實力，並不是聽從孔子的周禮說法，來對人們進行約束，讓人們產生厭惡，如果這樣的話，結果可能就會適得其反。齊景公聽了晏子的分析，打消了重用孔子的念頭，但是對他卻也是禮遇有加，視為上賓。

後來，齊國有一個大夫想要害死孔子，孔子瞭解後，趕忙找到齊景公，將這件事情告訴了他，而景公卻只是很平淡地說了句：「我現在已經老了，沒有辦法再護著你，重用你了。」孔子聽了這番話，心中也是明白了幾分。如果自己一直呆在這裡，很可能就會死無葬身之地，於是，孔子帶著自己的行李，回到了自己的祖國。

在孔子的一生中，他大部分時間都留在了魯國，他在這裡辦學堂收弟子，最多的時候他的弟子有三千多人。只要你想學，他就會無條件的收下你，一時之間，孔子的名聲大噪。當然，也並不能只出不進，他的學生們也會給他帶點食物過來，否則，孔夫子他老人家可真的要餓死了。

在孔子的一生中，說的要比寫的多得多，但是他的一些言行和觀點還是被人給記錄下來，編撰成了《孔子》一書。孔子主要提倡人們要遵守仁義禮節，雖然他所主張的這些思想在當時那個戰火連天的時代並沒有受到重視，但是對於後世卻有著深遠的影響，在以後的帝王將相中，不乏儒家學說的尊崇者，更是出現了「罷黜百家，獨尊儒術」的昌盛局面。

不過，隨著時間的流逝，儒家學派的思想在流傳的過程中已經慢慢變質，有很多人只是打著孔子思想的名號，斷章取義。在孔子的思想中，並非是讓人們做一個冥頑不靈的人，舉個例子說，有一次，孔子的弟子問他：「以德報怨，可乎？」而孔子卻是很簡單地回了一句話：「以德報怨，何以報德，以直報怨！」這句話是孔老夫子的原

話，他認為一個人並不能拿著寬容或者是容忍來原諒別人的怨怒，如果每個人都這麼做的話，那麼，我們該拿什麼來報答別人對你的恩德呢？

孔子有一個觀點便是：「學習沒有厭煩的時候，教人也沒有疲倦的時候。」雖然，在他的教育思想中，應該「有教無類」，但是，其中也有例外。例如他的學生宰予，也就是孔子口中的「朽木」。宰予也是一個能言善辯的人，但他自己的個人品德實在是太差，也不喜歡學習，孔子一直不看好他。後來，宰予成了齊國的大夫，和田氏一起作亂犯上，惹來一身禍端。

此外，孔子在教育上還非常注重學與思的相互結合，在他看來「學而不思則罔，思而不學則殆」，只是一味的學習或者是思考，很容易會帶著人走進誤區，所以說，在學習上，一定要將這兩者很好的結合在一起，才能讓你得到更多有用的知識和人生的智慧。

孔子還有一句話便是「己所不欲勿施於人」，也就是說，自己不喜歡做的事情就不要強加給別人。但是，這句話看似很容易，其實做起來是非常難的。

儒家思想影響了後世的子子孫孫們，就算是在經濟發展如此之快的今天，孔子的這些思想也都有著極強的生命力，被人們所傳誦，所尊崇。

在孔子晚年的時候，他還編著了《春秋》、《易經》等書籍，在這些書籍當中，孔子的思想在裡面也多有體現。後來孔子因病去世，終年七十三歲。

老子——道家學派的創始人

　　道家的創始人老子，在人們的心中，是一個神秘莫測的智者，他所擁有的智慧，早就超越了時空的限制，跨出了地域的阻礙。他的思想對於後世有著深刻影響，就連一些國外著名的思想家都對他讚不絕口。

　　我們所看過的老子的畫像中，毫無例外就是一個白髮飄飄，飽經滄桑的老人，眼中充滿了智慧的光芒。但是因為歷史與一些人為因素，有很多關於老子思想的書籍並沒有保存下來，對於老子的生平也不能給出一個最正確的答案，就連中國著名的史學家司馬遷在研究老子的時候，也並沒有確切的找出來，只是說老子，其實姓李，叫李耳，字聃。

　　所以直到現在，老子的生平來歷、時代名字一直是史學家們所爭論不休的問題。不過可以確定的是，老子生於春秋時期，要比孔子早上那麼幾十年，因為孔子當年還向老子請教過問題。

　　老子曾經在周王室管理天下的書籍，而當時的書籍管理員和現在的書籍管理員完全是兩個概念，在古代，這些書籍管理者們不僅要對所有的典籍和歷史有所熟知，而且更是要博學多才才能夠坐上這個位置。老子每天的工作就是整理一些檔案和天文曆法方面的書籍。這些藏書對於老子來說應該稱得上是一筆巨大的財富，閒暇的時候，老子便會翻閱流覽一番，這使他增長了不少的知識。

　　春秋時期是一個戰亂不停的時代，諸侯爭霸，天下很難有太平的時候，而當時的周王朝，王室內部為了爭奪王位，也是打得不可開交，其中周王子朝和敬王之間的競爭尤為激烈，最後這場戰爭以周王子朝的失敗而告終，周王子朝失敗之後，他帶走了所有的藏書，去投

奔了楚國，也正是因為如此，才導致了很多典籍流失。這件事情給老子的打擊很大，他每日與這些書籍相伴，這些書籍就是他的精神食糧，現在都被周王子朝搬走，他也沒有了繼續留下來的理由，於是他辭官遠去。

老子離開周王朝之後，不喜歡現在動盪的局勢，於是，他便前往還算安定的秦國，打算過隱居的生活，只見他騎著自己的小青牛，悠哉悠哉的向函谷關走去。而函谷關的守門將看到這個人氣度不凡，便將他攔了下來，細問之下，才知道緣由，於是他便央求老子為他寫一本書。老子很爽快的答應下來，被後世爭相稱頌的《道德經》也就這麼問世了。

如果有人想瞭解一下老子的思想，那麼就可以去翻閱一下《道德經》，他的思想在這本書中都有所體現，《道德經》全書總共有八十一章，分為上下兩篇，上篇的名字是《道》，有三十七篇文章，而下篇的名字為《德》，由四十四篇文章組成。再來看《道德經》的內容，簡短精練，讀起來朗朗上口，辭藻不俗但也略帶雍容，其中所涵蓋的哲理更是足以讓人揣摩深思。

書中還提到了治國的理念，在老子看來，治理一個國家就像是炒一碟小菜那麼簡單，但是，真的是如他所說的那樣嗎？而老子早就已經給出了自己的答案便是，只要人們不崇尚那些賢才異能之士，就不會為了追逐名利而爭得你死我活；只要人們不看重名貴罕見的物品，那麼人們也就不會為了它而去盜竊；不讓那些能夠引起貪念的食物暴露出來，那麼人們也就不會為了得到他而變得人心大亂。這段話說的也就是老子所提倡的無為而治，根據他的話來說就是；「不以智治國，國之福」，在《道德經》一書中，類似的觀點還有很多。在老子的觀念中，只要是統治者不勉強人們去做一些事情，那麼這個國家自然也就會天下太平。但是他似乎已經忘了人的欲望卻也是無止境的，

如果沒有法律來約束，真的很難想像得出這個世界將會變成什麼樣子。

在當時，那個屬於禮樂崩壞的年代，每一個人都打著改革的旗號，可是偏偏老子主張「小國寡民」，在這裡面，有一幅非常完美的畫面，讓人很是嚮往：一個國家不需要太多的人口，這個國家有著兵器卻因沒有戰亂而用不上；人們在此中安居樂業、生活美滿，以至於人們害怕外面的世界而不願意離開；雖然這裡有舟可以乘，但也毫無用武之地；雖然有盔甲可以披，但也是因為沒有使用的機會都不知道應該放在哪裡；這裡就像是一個世外桃源一樣，人們用最簡單的方法記下來曾經發生的事情；在這裡人們沒有貪欲，只要有足夠的食物，能夠保證溫暖的衣物，人們也就會很滿足了。這是一個很理想化的社會，這樣的生活對於一直生活在戰火中的百姓來說，是一種奢望。

當然，老子所主張的這種思想並沒有得到當時諸侯們的認同，在這些諸侯看來，如果不想要被別人吞併，就只有先使自己的力量強大，在別人出手之前先攻打別人，給別人一個措手不及，才能夠向外擴張更多的領土。而就是在這樣的背景下，老子卻在提「小國寡民」的思想，這也就讓他的頭上多了一頂「守舊」的帽子。因為老師所設計的生活其實只是一種理想，遠離於當時的社會，並且他想用文明來喚醒這個嘈雜的社會，無疑於天方夜譚，而他的這些思想很顯然不會被人們所接受、認同。

通過對老子哲學的研究，不難看出他對於「道」的闡述是非常多的，「道可道，非常道」，他認為「道」是一種比較高深奧妙的境界，是用語言表達不出來的，也是對世間萬物最精妙的概括了。在老子的思想觀念中，「道」就是萬物的根本，「道生一，一生二，二生三，三生萬物。」也有「天下萬物生於有，有生於無」的說法，從這裡也可以看出「道」和「無」之間是有著比較密切的聯繫的，我們這

裡所說的「道」指的並不是事物的實質，而是第一性的。而老子口中所描述的「道」就是一種客觀唯心主義思想。

老子的思想學說，被他的學生和後世的人繼承了下來，並且自立一派為道家學派，而老子則是道家學派的創始人。但是，後來為什麼他會成為道教的鼻祖，和所謂的太上老君，這些問題恐怕是誰也沒有料到的。

在歷史的長河中，老子的思想在不斷發展的過程中，流傳到了歐洲，在世界著名的哲學家黑格爾心中，對於老子有著很高的評價，他認為古時候的東方世界中的精神代表人物非老子莫屬。

在《莊子》一書中，也收錄了一些孔子對老子的評價，孔子曾經對他的弟子說過，他在拜訪老子的時候，才真正的見到了一條龍，龍，在合起來的時候就是一個整體，而在分開的時候皆會各自成篇，調理陰陽之間的氣息，駕馭雲霧之上。看到這樣的情形，真的是驚訝得連嘴巴都忘記合上了，又怎麼還能說出勸誡的話呢？

墨子——墨家學派的創始人

　　墨子生活在戰亂不斷的春秋戰國時期，看著眼前的紛爭雜亂的社會，墨子的心中很是抑鬱，他為了自己心中的和平理想而到處奔波，雖然是處處碰壁，但是他還是堅守著自己這個遙遠的夢想，從未想過要放棄。墨子的精神是值得我們尊敬的，為了自己心中那個和平的理想而堅持不懈。而且，墨子的可敬之處便是他的理想並不是為了自己，而是為了這個已經亂套了的社會，對於他自己而言，在追求和平的過程中，面臨最多的可能就是喪命的危險了吧！

　　當時，楚王找到了公輸班，想讓他為楚國打造出來攻城的器械，為攻打宋國做好萬全的準備。墨子知道這個消息之後，立即從魯國出發，趕到了楚國，想要阻止這場戰爭，於是，到楚國的第一件事情，便是要拜訪一下製造機械的公輸班。

　　公輸班對待墨子十分客氣，問道：「先生您找我有什麼重要的事情嗎？竟然能夠讓你不遠千里的跑到楚國。」墨子卻說：「在北方，有一個人經常的欺負我，我來找您是希望你可以幫助我除掉他。」公輸班聽了這句話之後，心中頓時有些不高興，想著：別人和你結怨是你的事情，和我沒有任何的關係。於是他也沒有介面說話。墨子看見公輸班這樣的反應，接著又說道：「只要你能幫助我，多少錢都可以，我可以先給你一些訂金，事情辦妥之後，我再給您送上一千兩黃金，怎麼樣！」

　　公輸班說道：「我是一個比較有原則的人，仁義在我的心中很重要，怎麼能夠毫無理由的隨便殺人呢，我不會答應你的要求的，你還是不要白費口舌了！」墨子一聽，心中對於公輸班的為人也有了一些瞭解，於是便站起來，對著公輸班拜了兩拜，說道：「在北方的時

候，我就聽說您要造雲梯來攻打宋國。應該是有這件事情吧，但是宋國到底有什麼罪過呢？楚國是一個地大物博的國家，有著廣闊無垠的領土，但是百姓卻並不是很多，如今，楚國現在卻要掠奪宋國的領土，殺害宋國的百姓。宋國並沒有什麼過錯，但是楚國就是要攻打它，這怎麼能夠稱得上是仁義呢。如果明明懂得這個道理，但是卻不和自己的君主爭論，這便是不忠；如果只是稍微的爭辯一下，最後還是屈服，這就是軟弱。你自身是一個崇尚仁義的人，也正是因為這樣，你才不願意幫我去殺死那個欺負我的人，但是現在，卻心甘情願地幫楚國攻打宋國，使更多的百姓流離失所，喪失生命，這裡面的仁義又從何說起呢？」

公輸班感覺墨子的話很有道理，可是他也沒有表態，畢竟事情都到了這個地步，要想變化恐怕是不可能的了。墨子接著又說道：「我知道你已經明白其中的道理了，只不過還是不願意去改正，這到底是為什麼呢？」公輸班很是無奈地說：「我畢竟已經答應楚王的要求，怎麼能夠反悔呢，難道你想陷我於不義嗎？」墨子說道：「那麼希望您能夠將我引薦給楚王，由我來說服他！」公輸班這個時候心裡也是很矛盾的，一方面很想看看自己製造出來的機械的威力，另一方面也感覺墨子所說的話有道理，也有了阻止這場戰爭的念頭，於是便答應了墨子的請求。

墨子拜見楚王，就說道：「現在有這麼一個人，不願意乘坐自己華麗的車子，反而看上了鄰人家裡面的破車子，居然想去把它偷來；不願意穿自己昂貴的衣服，反而看上了鄰人家的粗布衣服，想將它偷來；不願意吃自己的山珍海味，反而願意去偷鄰人家的糟糠食物。您說，像這樣的人應該是什麼樣的人呢？」楚王聽了之後，哈哈大笑道：「依我看來，這個人肯定是得了偷竊病，不然怎麼會做出這麼多愚蠢的決定！」

　　墨子見時機已經到了，於是接著說道：「楚國千里領土和宋國百里的土地相比，無疑就是華美的車子和破舊的車子一樣；楚國是一個山清水秀，珍禽眾多的國家，再看看宋國，甚至連一隻野雞、兔子都很難見到，這也就是山珍海味和粗茶淡飯的區別；楚國的樹木俊秀高大，樹的種類繁多，而在宋國幾乎就沒有什麼大樹，這應該就是昂貴的衣服和粗布衣服一樣；在我看來，楚國攻打宋國，無疑就是和這個有著偷竊病的人是一樣的。」

　　楚王仔細想了一下墨子說的話，道：「先生您說得確實很對，但我已經命令公輸班製造出來了雲梯，所以，攻打宋國我是志在必得的。」墨子也非常的有自信，對於楚王的反應，墨子已經想到了，於是笑道：「就算您利用公輸班所建造的雲梯攻打宋國，大王您也不可能將宋城拿下的。」

　　楚王對於墨子所說的話顯然不信，於是連忙將公輸班召進宮。墨子脫下自己的衣服作為是宋國的城池，只是選用了一些竹片作為防禦的器械。公輸班也在四周設下了很多攻城的方法，但是卻被墨子一一阻擋在外。直到公輸班的技法都用盡了，而墨子的守城策略還是綽綽有餘的。

　　公輸班這個時候沒有辦法了，但是輸給墨子，他又甘心，於是說：「我已經找到對付你守城的辦法了，但是我不會說的。」而墨子知道他的意圖，於是也跟著說道：「你想要怎麼對付我，我的心中有數，但是我也不會說的。」

　　他們雙方這邊在打啞謎，而在一旁的楚王卻是糊塗了，於是便詢問這到底是怎麼回事。最後還是墨子說出了緣由：「公輸班所謂的破解城池的辦法便是要將我殺了。只要是殺了我，那麼宋國的城池就會保不住了。但是他卻是想錯了，在宋國，早就有我的學生禽滑釐等幾百人眾帶著我守城的兵器等著你們進攻了，就算是將我殺掉，那麼你

們攻城的希望還是非常渺小的。」

楚王聽完之後，知道自己這次攻打宋國的計劃肯定是實施不了了，於是說道：「就聽你的話，宋國我不會去攻打了。」這件事情中，墨子僅僅利用自己的口舌保住了宋國千萬的百姓，從這裡也可以看出，墨子是很能言善辯的。

墨子成功說服楚王之後，便開始返回魯國，途經過宋國，正好趕上了下大雨，於是他便想到宋國的閭門去躲避一會兒，但是閭門的人卻不讓他進。對於宋國來說，墨子就是它的救命恩人，但是宋國人卻並不知道這件事情。

墨子給後世只留下了《墨子》一書，但是有很多的專家學者一致認為，《墨子》一書其實成書於戰國時期，主要記載了墨子以及他弟子的言行和思想。

墨子主張「兼愛非攻」，他以為「天下間所有的人都不相愛，強者必定欺凌弱者，富者必定侮辱貧者，貴者必定瞧不起賤者，天下間之所以有禍亂、怨恨，都是因為人與人不相愛的原因。」在墨子看來，人世間的一切紛爭禍亂其實都是從人與人之間互相不關心所引發的，所以他的思想是「兼相愛，交相利」。但是這種思想畢竟只是一種理想，天下人之間的熙熙攘攘，無不是為名利而來，為了名利而去。可以這麼說，追名逐利是永遠不變的話題，每個國家之間的相互合作、戰爭等，都是由利益而起的，墨子所提出的這種思想，就算是當時的普通百姓都不能理解，更何況是野心勃勃想要一統天下的國君了。

墨子的「兼愛」思想主要是提倡天下人要互相關心愛護，而非攻則是說天下人不能隨意的攻擊傷害，墨家學派的人不贊成用一些無名的戰爭來爭奪利益，堅決反對進攻，在墨子看來，如果引起戰火，那麼就會使得農耕停滯，一年顆粒無收。但是對於防禦戰，墨子卻並不

反對，而在歷史上，墨家的防禦戰是比較出名，被後人稱之為「墨守」，墨子和他的弟子們都比較擅長製造一些守城的器械。

此外，在墨子的觀念中，他還主張「尚賢」、「非禮」、「非樂」，提倡「節用」、「節葬」等，雖然他所提出的這些觀點都與儒家思想相對立，但是仔細一看，其實兩大家的思想還是有著相似之處的，最起碼兩個人主張的目的就是為了維護和平，抵制戰爭，只不過是他們所提倡的方法有所不同，例如，在孔子看來，禮樂能夠使人安分守己，而在墨子的思想中，孔子的這種思想無疑是一種浪費，所以他則是堅決抵制禮樂。

在當時，雖然墨子的思想不能夠被人們所承認，但是他也沒有放棄，窮其一生都在做著他堅持的事情。西元前三七六年，這位偉大的教育家、思想家、軍事家離開了人世，終年九十二歲。

孟子——僅次於孔子的「亞聖」

　　孟子曾經拜子思為老師，等到他學成之後，他便以士的身份到各國去遊說，希望他們能夠採納自己的思想主張，他曾經到過春秋時期的幾個大國：齊國、宋國、滕國、魯國等去遊說。在那個時候，這幾個國家都主張只有富國強兵，利用一切可利用的手段實現自己的雄偉霸業，所以說，在這些人眼中，孟子所提倡的仁政學說無疑是毫無見識的，被看作是迂腐而又空泛的事情，並沒有國君贊同他的主張。遊說不成，無奈之下，孟子只好放棄，在一個偏僻寧靜的地方授業，和自己的學生一起談論史書，著述了《孟子》七篇。

　　一直以來，孟子被後人尊稱為「亞聖」，把他當作是孔子思想的繼承和發揚者。可以這麼說，在孔子之後，儒家學派另一個大師便非孟子莫屬了，對中國的文化有著比較深遠的影響。

　　孟子主張「性善論」，意思也就是說，人從一出生開始，就有著向善的意識，這是人最基本的存在。在孟子看來，人性的善良是可以通過一個人的心理活動看出來的。對於心理這一說，總共有兩個層面之說，其中一個便是「四端」之心，而另一個則是「思」之心。孟子也正是從這兩個層面，有了人性本善的思想。

　　在中國幾千年的歷史文化長河中，孟子的「性善論」始終貫徹其中，就連我們所熟悉的《三字經》都是以「人之初，性本善」開始的，可見它已在人們的心中深深紮了根。春秋時期，關於人性的學說的討論基本上分為三個觀點：第一個就是以告子為首的，認為人性並沒有什麼善惡之分；第二則是認為人性中有善的一面亦有惡的一面；而第三則是以為有一些人的人性是善良的，而有一些則是邪惡的。

　　在孟子心中，告子的思想無疑是對自己的理論造成了威脅，孟子

則是從兩個方面來推翻告子的人性無善惡的思想觀念：

首先，在告子的學說中，認為人性的善與惡並非是一生下來就有的，而是在後天的成長過程中，不斷的培養起來的；而孟子則認為，人剛出生的時候，善就是他天性的一部分，已經存在於人的潛意識中。

在告子的觀念中，剛出生的嬰孩就像新生的柳條一樣，按照自然規律生長，而在生長的過程中，人性會變好也會變壞，就像柳條有彎有直一樣，無論是柳條成蔭也好，枯萎滯長也罷，都是後天形成的，和先天並沒有什麼關係，所以說，人剛出生的時候，並沒有善惡之分；而在孟子看來，告子的思想無疑是扭曲了人性本善的潛質，而使得世間的人都會認為仁義之事不可為，告子的這種觀點會磨滅人們心中的善，而引發人們心中的惡。

隨後，孟子在這個觀點的基礎上，主張人性本善的學說。告子說：「性就像是湍水一樣，方位在東便則是水往東流，而方位在西邊則是水往西流。人性剛開始的時候並沒有善惡之分，就像是水流沒有東西之分是一樣的。」而孟子則是說：「水可以沒有東西走嚮之分，難道還沒有上下之別嗎？人性最初都是善良的，就像是水流都是向下流淌是一樣的。人沒有不善，水流也沒有不下的道理。」

為了進一步說明人性本善的道理，孟子進一步驗證了自己的觀點。在他看來：「人的內心深處都有不忍存在」，「如果沒有惻隱之心，沒有羞惡之心，沒有辭讓之心，沒有是非之心等等，這都不是人類應該做的事情。」這些觀點都是人們立足於社會的最基本的道德基礎，「一個人的惻隱之心，便是仁的開端；而一個人有了知羞辨惡之心，便是義的開端；一個人的辭讓之心，也就是禮的開端；一個人有個明辨是非之心，這也就是智慧的開端」。無論是普通民眾還是聖賢之士，在人的本性和人格上並沒有絲毫的區別，都是平等的，孟子還

說：「麒麟在這些走獸之間，鳳凰在這些飛禽之間，泰山在這些丘壑之間，河海在這些行潦之間，都是同一類的生物。而聖人在民眾之間，也是同一類的人。」也正是因為人生來就有了善良的天性和良好的品德，如果在後天的生長過程中，人們不斷地將其發展光大，那麼每一個人就都可以成為像堯舜那樣的人物了。

孟子主張人們要像聖人學習，這樣的提倡對於社會風氣的改良有著一定的作用，其中最為值得肯定的是人生而平等的思想。在孟子看來，每一個人只要通過自己的努力都能夠成為聖人，而從本質意義上講，便是通過這個觀點來激勵人們在後天的學習和成長中，要不斷地努力和奮鬥，同時還指出了上到一國之君，中有朝中大臣，下至黎民百姓，在人格上毫無高低之分。在當時那個封建社會，等級分明的時代中，孟子的這個想法就像是一個悶雷轟動了當時的人們，雖然有著很大的進步意義，但是在其它人看來真的是「膽大包天」。另外，孟子還希望人們，能夠將自身所帶有的善字不斷地發揚光大，讓它能夠成為人們最完美的道德；而在後天之後，如果不注意善的培養，那麼善就像是將要枯萎的山木，已經沒有了立足之地，並且在這個過程中，還會滋生出惡來。

孟子所提出的性善論學說已經是一種道德的先驗論，自宋朝之後，被理學家們所普遍接受，成為了當時最正統的人性論思想，有著比較深刻的影響。

《孟子》一書也只不過有三點五萬多字，但是他裡面所代表的思想內容卻是博大精深的，全書短小精湛，語言通俗易懂；在敘事方面也是言簡意賅，用比較生動的手法將自己的主張描述出來。也正是因為這樣，《孟子》一書成了儒家學派中的經典之作。

我們每一個人都知道，在說服別人去做某一件事情的時候，如果開篇直奔主題則是很難讓人接受，但是如果採取循序漸進的方法，這

樣，就很容易讓別人去聽你的觀點甚至是贊同你的觀點，就像是登到塔頂，不能一步登天，要一步一步的慢慢來。

有一回，孟子去拜見了齊宣王，他問了齊宣王一個問題：「如果您的朝中有這樣一個臣子，在他有事外出的時候，將自己的妻子兒女託付給他的朋友幫忙照看。可是等他出遊回來的時候，卻發現他的朋友並沒有按照他所吩咐的那樣去做，反而讓他的家人在挨餓受凍。如果換做是你，你將會怎麼做呢？」

齊宣王答道：「這樣的朋友，不要也罷。」

孟子繼續說道：「如果一個官員並不能好好地管理他的屬下，對於這種情況，您又要怎麼處理呢？」

齊宣王說：「那我就免去他的職務。」

孟子接著又問：「那麼，如果一國之君竟然治理不好自己的國家，這又該如何是好呢？」

齊宣王這個時候已經知道孟子要表達的意思了，頓時就面紅耳赤，有些不敢直視孟子，於是便很快地轉移了這個話題。

其實，孟子說這段話的主要意圖就是勸諫自己的國王，但是他並沒有一見到齊宣王便直接挑明話題，而是從小小的交友之道開始講起，慢慢地獲得齊宣王的認同，有了第一節臺階；第二便又上升到了朝中官員的身上，引領著齊宣王踏入了第二級臺階；直到最後，孟子才將自己此次的目的表現出來，讓齊宣王的心中無法否定他的觀點。從這裡我們也可以看出，孟子並沒有很直白地表露出自己的觀點，但是最後還是起到了規諫君主的目的。

孟子還說過，魚，是我所想要的，熊掌也是我所想要的，這兩個不能同時得到，那麼我就會捨棄魚而選擇熊掌；生命是我所想要的，仁義也是我所想要的，如果兩者並不能同時得到，那麼我寧願捨掉自己的生命也要選擇仁義。

　　生命是每一個人都擁有的，也是能夠真真切切感受到的，一個人的喜怒哀樂，一個人的唱歌跳舞，跑步走路，無不都彰顯著生命的活力。但是，「仁義」二字卻是一種比較抽象的概念，它沒有形象可以看到，沒有聲音可以聽到，也沒有味道可以聞到，很少有人能夠將它把握得很好。正是因為這個原因，孟子為了更好的將「仁義」二字表現在人們面前，所以才採用了這種借彼喻此的方法。

　　我們所說的借彼喻此，就是用一些比較簡單易懂的方法把那些難以理解的東西很清晰明瞭的呈現在人們眼前，利用這種方法不僅解除了人們心中的疑惑，而且可以讓人們從不知到知，從對這件事物的表面認識到本質認識。我們都知道魚是一種美味，幾乎所有的人都能夠吃到它；而熊掌則是佳餚，相比魚來說，要貴重的多，並且很難得到。而孟子便是將魚比喻是「生命」，而用熊掌比喻「仁義」，很是詳細地將「生命」和「仁義」的價值分開，通過這樣的比喻，人們對於「捨生取義」這個觀點也就很容易接受了。

　　儒家學派主張的是「非禮勿視，非禮勿聽，非禮勿言，非禮勿動」，它所要講的意思就是在我們日常生活中，人們的一言一行、一舉一動都要圍繞著「禮」字進行，並不能偏離了這個軌道。但是其中有一點需要說明的是，這種觀點，並不是讓你將禮節看的超過一切，而是在關鍵的時候還是要學會靈活變通。比如，古時候，「男女授受不親」是一項比較嚴明的禮節制度，但是如果當自己周圍有女性落水的時候，當然不能夠一味地遵守著這項訓示，而眼睜睜的看著她溺水而亡，這個時候，要做的便是將這些繁文縟節拋在一邊，畢竟生命才是最為重要的，如果是因為要遵守禮節而看著一個人在自己的眼前慢慢的死去，這也就違背了孟子所提出的本意。

　　有一次，有一個任國人問了孟子的學生屋廬子一個問題：「如果是所有人都按照禮節去尋找食物，那麼他們就會餓死；如果不依照禮

節去進行的話，便能夠很輕鬆地找到失去，那麼，這樣的話，禮節還有遵守的必要嗎？如果依照規規矩矩地迎親禮來贏取新娘，那麼則會娶不到妻子；如果不按照迎親禮的話，就會得到妻子，那麼在這裡還有履行禮節的必要嗎？」屋廬子聽了他的話，非常的迷茫，不知道應該怎樣回答，於是屋廬子又帶著這個問題去請教自己的老師孟子。

孟子給他說了答覆任國人的辦法：「如果說在爭搶食物的時候，需要扭轉自己兄長的胳膊，需要爭搶他的食物，只有這樣才能夠得到吃的，如果不照做的話，就得不到吃的，那麼你會怎樣做出決定呢？如果說只有你去自己鄰居家摟抱彼人的妻子，才能夠得到妻室，如果不去的話，便不能得到妻室，這樣的話，你是摟抱還是不摟抱呢？」

在這個地方，孟子也是從側面說出了自己的觀點，也就是，無論人做什麼事情，都不能違背了禮字的內容，要學會以禮待人處世。

孟子的很多言論，使得儒家的學說廣泛的流傳和傳播，進而對後世有了很大的影響。孟子的一生可謂是將儒家的思想推向了一個巔峰，這位偉大的思想家在西元前二八九年去世，終年八十三歲。

莊子──道家學派的代表人物

　　莊子，西元前三六九年出生在安徽省的蒙城縣。莊子名周，字子休。莊子是中國著名的思想家、文學家。在莊子的一生中，著書有十餘萬言，命名為《莊子》。《莊子》一書有著極其深遠的意義和影響，代表著中國的哲學和文學都已經發展到了一定的水準，是中國古代典籍中不可多得的瑰寶。

　　莊子從小家境就比較貧寒，生活極其艱辛。有一次，莊子的家裡連下鍋的米都沒有了，於是莊子便向監河侯去借米。監河侯卻說：「嗯，可以，不過這要等到我將那些租稅收上來的時候再借給你，怎麼樣？」

　　莊子聽了監河侯的話，知道他在找藉口推辭，於是心中很是生氣，說：「昨天我回家的時候，在路邊聽到有人叫我。我轉身一看，原來是在路邊的小水窪中有一條小魚，於是我便問它：『喂，小魚！你怎麼會躺在這裡呢？』鯽魚隨機回答道：『我原本生活在東海中。您現在能夠給我一點水救急一下嗎？』我說：『可以，你等著，我先去南方說服吳越的國王，讓他能夠同意可以將西江的水引進來救你，你看這樣可行嗎？』鯽魚聽了，心裡十分不高興，頓時沉下臉說：「我現在只不過需要一點點的水就可以活命，而你卻如此的大費周章，與其等著你來救，還不如我自覺地跑到魚干市場上去呢！」

　　莊子用了這種寓言的方式諷刺了監河侯。但是莊子的家庭境況確實是貧困，這裡還有一段他的小故事：

　　有一回，莊子去拜見魏王，他穿著渾身打滿補丁的粗布衣服，腳上還穿著一雙漏了腳趾的破鞋，魏王見他這身打扮，說：「你怎麼會這麼貧困潦倒呢？」莊子回答道：「我這身打扮是窮沒有錯，但是並

不潦倒。窮和潦倒兩個詞的意思是完全不相同的，只不過是生不逢時罷了。」孟子將自己看作是不幸落在荊棘叢裡的猿猴，「因為自己所處的局勢不利，才造成自己的才能並沒有得到充分的發揮」，他是指自己所處的年代，皇帝昏庸無能，朝中大臣爭相叛亂，而他自己卻一點辦法也沒有。從這裡也可以看出，莊子對於自己的生不逢時十分的失望。

還有一回，宋國有一個名為曹商的人，是宋朝前往秦國的使臣。在他出發的時候，宋國的皇帝送了他幾輛車讓其代步。曹商到達秦國之後，對著秦王是百般獻媚，想盡辦法去討好秦王，最終惹得秦王笑開了花，賞賜給曹商一百輛車。

曹商在返回宋朝的途中，遇到了莊子。看到莊子落魄的樣子，他便想在莊子面前炫耀一番，於是便說道：「像你這樣，每天生活在狹小窮困的小巷子中，吃不飽穿不暖，面黃肌瘦，天天靠著編織草鞋來過活。這樣窮困潦倒的生活，換做是我，一時也忍受不了啊！而我曹商的本事也不在編織草鞋上，你就看看我現在的這一身行頭，我奉了宋王的命令出使秦國，只是憑著我的能言善辯，秦王便賞賜給了我一百輛新車。這樣才是符合我曹商的身份呀！」

對於曹商的自誇炫耀，莊子根本就沒有看在眼裡，他只盯著自己編織草鞋的蒲草，頭都懶得抬一下，很不屑地說道：「我曾經聽說，當時秦王生痔瘡的時候，曾經廣招天下間醫術高超的人士，如果能夠將痔瘡挑破排毒的人，秦王就賞賜他一輛車子；如果誰能夠盡忠值守的為其舐痔，那麼便會得到五輛車子。就這樣，以此類推，越是困難賞賜的越多，看你得到這麼多的賞賜，我想你應該是舐其痔瘡的一位，而且是盡心盡力，十分得秦王的歡心，要不然的話，你不可能得到這麼多的賞賜。你是一個骯髒的人，我不願意與你說話，你還是趕快走吧！」

　　從這裡可以看出，莊子是一個憤世嫉俗的人，蔑視權貴、不為名利所趨，只是一味地嚮往著自由。他也不懼怕權勢，他看不上的王公大臣，都被他罵了個狗血淋頭，痛快淋漓。

　　春秋戰國時期，是一個戰亂紛起的年代，也是一個文化鼎盛的時期，這個時候，可以稱得上「百花齊放，百家爭鳴」。道家創始人之一的莊子，以他那獨特的人格魅力，在這個繁花錦簇的文壇上一枝獨秀，流傳千年。在他的著作中，隨處都能夠看到他思想的光輝。莊子對於宇宙、人生和社會，都有著他獨特的認知，這對世人有著十分深刻的影響。

　　莊子哲學主要指的是生命的哲學，它主要是呼籲人們思想自由、人身自由、個性自由。而莊子的人生觀在當時也是比較前衛的，他不喜歡人世間的名利追逐，也不喜歡過聲色犬馬的生活，他所追逐的是人的精神世界，希望得到自由。在莊子這裡，大自然的所有一切皆是美好的，而所有人為的事物則都是不美好的。就如同他說的那樣：「牛馬長有四足，是上天所賜予的，是美好的；而馬的頭僚和牛的鼻環則都是人為的，是不美好的。」他所要表達的意思就是，任何事情都應該按照它原本的樣子繼續下去，而不是將一些人為的因素強加給自然，更不能以自然的名義去追逐功名。而莊子就是從這種自然法則出發，他認為所謂的真正自由完全來自於自然，如果想要得到很高尚的理想人格，那麼你所要做的就是和大自然融為一體。

　　莊子還認為，在世間生存的人們之所以不自由，是完全被現實社會中的是是非非、高低貴賤、貧富變遷、生生死死等因素所束縛，正是因為這些外在事物的限制，才致使人們對任何事情都抱著依賴、期待、追求的心理，使人們的心中一直有一個枷鎖，無法自由，在莊子學說中被稱為「有待」。所有的人存在的原因，就是他們都在依賴著外界的某種條件，只有這樣才能使自己有所作為，所以說這些都不能

稱之為自由。而那些真正能夠得到自由的人則是屬於無所待的。只有那些看不起名利的聖人，瞧不上功業的神人，能夠達到天人合一、物我兩忘，只有這樣的人才稱得上是絕對的自由，他們的思想奔放，精神上絕對自由，所以說，一個人若想真正的得到自由，就必須學會從「有待」達到「無待」的境界。

　　莊子所處的時代，是中國古代歷史中最不容忽視的時期，它既是一個社會大變革的開始，也是一個戰火連連、百姓流離失所的動盪年代。對於莊子而言，他並沒有能力使這樣的社會改變什麼，他唯一能做的便是追求自己所要的自由，不與世人同流合污，做到「不以物喜、不以己悲」，不被名利所束縛，最終做到天人合一。

　　很多人都以為，莊子的哲學屬於美學的範疇，仔細閱讀莊子的哲學思想可以從中發現中國的美學思想。但是，莊子思想中所講述的美，並不是單純的自然美或者是我們所說的藝術美，他追求的是人與自然合二為一的一種精神層面的享受，這就在很大程度上表現出了莊子自始至終所強調的人身自由的理論，也是展現人內心世界的精神狀態。沒有利益的追逐，沒有榮華的影響，自身所有的一切在大自然面前完全敞開，純淨而又光明，這便是莊子所主張的最真實的內心世界。

　　道代表的就是生命之光，道所追崇的最高境界便是生命本身的純粹自由。這和儒家學派所崇尚的仁義思想有著同源異趣的絕妙關係。在莊子的理論中我們可以知道，莊子和儒家學派孔子的思想從本質上講，並不是完全對立的。儒家思想所提倡的就是人要有同情心、惻隱之心，而莊子則是主張人應該有待之心、無心之心，也就是說的心靈上的自由，但是這兩家學派的觀念都是出於「真情」一詞。不過也有些人說，莊子所提倡的哲學思想並沒有實際意義上的作用，但是，對於提高人們的心靈境界，培養與大自然的融洽關係上，莊子哲學還是

有著重要意義和價值的。「人們應該怎樣生活？」「人們怎樣生活才能更好？」所有的哲學都一直在討論這個問題，而莊子哲學則是給了人們一個比較有價值的答案。

　　莊子哲學是一種生命的哲學，在當時的戰亂社會，給人們恐懼與緊張的心靈帶來一絲安寧；在當代社會中，讓人們煩躁的心有一個棲息之地。這就是莊子哲學給後世人所留下的財富。莊子是中國道家的創始人之一，也是中國著名的思想家，死於西元前二八六年，終年八十三歲。

荀子──與孟子齊名的思想家

《史記》中對於荀子的生平事蹟有一定的記載。在荀子五十歲的時候（也有一些專家人士認為五十歲是為傳抄的錯誤，應該為十五歲）來到齊國遊學，到了襄王在位時，「最為老師」，「三為祭酒」。

但是在當時，齊國有人誣陷荀子，所以迫不得已，荀子離開了齊國，來到了楚國。西元前二五五年被楚王提升為蘭陵縣令。但是有一些人認為將荀子留在楚國，對於楚國而言是一個很大的危險。所以荀子又辭了官職，隻身來到了趙國，趙國將其封為上卿。後來，楚國又有人要求將荀子找回楚國，於是他又重新返回楚國，再任蘭陵縣令一職。後來，荀子辭官告別了朝政。沒過幾年，便離開了人世。

荀子是中國歷史上第一個使用賦名和用問答的形式來賦的人，和中國的愛國詩人屈原同被尊稱為「辭賦之祖」。

有一段時間，他還曾經去了秦國，說秦國是在生前樹立起名望，後世人則會稱讚他的恩德。隨後去趙國和臨武君討論用兵之計。荀子曾經也收過弟子，講述自身所學，戰國時期著名的思想家、政治家韓非和李斯便是他的門生之一。但是很可惜的是，因為荀子本身受到了很多文人學者的批判，所以在後世中關於他的著作留下的並不多，只有唐代的楊倞為他編著了《荀子注》一書。一直到了清朝時期，為荀子寫注的人才慢慢增加。

《史記》記載，李斯從荀子那裡學習了輔佐帝王的權術，所以說，從李斯的做法中我們也可以看出荀子對於「帝王之術」頗有精通。北宋的蘇軾在〈荀卿論〉中曾經說道：「荀卿一生對於王道頗有體會，他主張禮樂，但是他的學生李斯卻運用從他那裡所學到的知識

來禍亂天下。」

其實，荀子所主張的思想，在某種程度上，從他理論的深度和帶有的邏輯力量，依然把中國的古代樸素唯物主義推到了另一個發展高度。從殷周以來，幾乎所有的哲學都在傳輸著一個觀念，就是在他們心中認為，自然和社會是緊緊聯繫在一起的，無論什麼事物，包括一個人的思維方式，都是被掌控在大自然的手中，甚至還將一些不公平的規章制度看作是上帝所創造的，所以要順從，容不得人們反抗。所有一切無法追求其源泉的事物都被歸結在了這種神秘的力量裡面，而荀子則是打破了這種常規的觀念，集合了百家所長，提出了歷史性跨越的思想。

荀子則不認同自然和社會之間有什麼神秘的紐帶聯繫著，他提倡要用理性的眼光去重新看待這二者的關係，並且還提出了「天人之分」的理論。在荀子看來，現如今社會上的動盪不安和大自然真的是一點關係也沒有。

其實，荀子的思想可謂是提高了很大的一個層次，他認為，人類是所有自然動物中最高等的一類，必須遵循大自然發展的規律來生活和發展，比如說，他提倡要重視農業的生產，以農為本，抵制浪費奢侈，人們的衣食住行要順應自然的時令等，這些都充分體現了荀子的主張。假如人們背棄了這樣的自然法則，那麼勢必就會發生飢餓、疾病和災難。另外，對於一些鬼神迷信等說法，他更是強烈的批判和攻擊。為了推翻孟子的「性善論」，荀子還自創了「性惡論」一說。

荀子一生中最重要的成就是，提出了人才是整個社會道德和國家的主體。而在這道德之前的依據，便是荀子提出的性惡論了。在荀子的眼中，人性就只是代表人的自然本性，也就是我們所說的「生之所以然者」。它的主要體現就是，人餓了的時候才想要吃飽，冷的時候才想要穿暖，而累得時候則是想要休息。其中，它所宣揚的實質便是

人性，其實指的就是這種自然的心理本能而已。

孟子認為人剛出生的時候，潛意識裡面是帶有善字的，但是荀子卻認為，人剛出生便是「惡」字當頭，生下來就有利欲之心，生下來就有疾病纏身，生下來就有好色之欲等，無論做什麼事情都是從利益二字開始，所以說，人的本性並非是善的，而是惡的。

在荀子哲學中，他認為上天賜予人的性格就是惡的，所以說在他的成長過程中，會因為自己的需要，而與他人發生爭吵、殺戮等，小則使自己和他人受傷害，大則會使整個社會都動盪不安，這便是性惡論。荀子認為，只要是沒有經過人為教育的事物是不會有善的一面的。而對於孟子所說的人性本善的言論，荀子提出了相駁的一面「人之性惡，其善者偽也」。

荀子與其它兩位儒學大師所不同的就是，他的思想比較側重於經驗和人事方面的事情，他主要是從社會脈絡中出發，對於社會秩序十分重視，對於神秘主義的理論比較厭惡和抵制，他所重視的是後天人們自身的努力。儒家的創始人孔子所尊崇的則是「仁」的思想，而孟子所提倡的思想則是以「義」為核心，而荀子則是在二人之後又提出了「禮」、「法」的思想，他重視日常生活中人們自身的行為規範。尊孔子是聖人，但是對於以孟子和子思為首的「思孟學派」所提出的觀點則是有著牴觸的情緒，在荀子的心裡，只有子貢和自己才有資格做孔子思想的繼承人。一個人從出生就是帶著欲望的，成長的過程中就是一步步完成欲望的過程，如果一個人的欲望沒有滿足或者是實現，那麼這樣勢必會引發爭端，這也是戰爭的主要原因，所以世間根本就不存在所謂的性善論。

儒家思想的三位主要人物：孔子、孟子、荀子。雖然都是儒家學派的創始人和追隨者，但是他們對待事物的看法卻都有著自己獨到的見解，各自有各自的看法。孔子和孟子所提出的思想和原則都是比較

具體的，但同時也帶有很濃重的理想主義色彩。孔子一生主張「克己」、「修身」、「為仁由己」等。而孟子則主要是以「性善」為核心前提，在此基礎上不斷地進行擴充，他認為只有「惻隱之心」、「羞惡之心」、「辭讓之心」、「是非之心」、「求其放心」等，才能夠將人們體內最大的善潛質激發出來，那麼也就可以有效地實施自己的仁政思想了。

和孔子、孟子相比，荀子的思想中並沒有太多的理想主義色彩，他主要是偏於現實主義。他不僅像孔孟一樣注重對禮義道德的宣揚和建設，與此同時，他還比較重視獎罰分明的政法制度。

而荀子對於儒學體系中的成就，也有以下幾個方面：

首先，在荀子哲學中有著很濃厚的學術批判意味，提倡相容並包，這也就充分表露了戰國時候諸子百家學說要走向一統的歷史趨勢。不管從哪方面講，〈荀子非十二子〉中所包含的思想和學術都對後人產生很大的影響。

其次，荀子對於儒家學說的貢獻不容忽視。在儒家學說中，荀子所提出的不僅僅有「禮學」「法學」的思想，就連「詩經學」和「春秋學」等與荀學都有著密切的聯繫。

最後，荀子並不是理想主義的儒學大師，他很注重對現實社會的觀察，充滿事功的精神。荀子當年在齊國講學、在楚國做官、在趙國議論兵力、在燕國論朝政、在秦國講風俗，在當時社會中的影響並不在於孔孟之下。孔子時期從來不進入秦國，但是荀子能夠對秦朝的政治和風俗提出褒獎，與此同時也批判了他「無儒」。這一點充分說明了，他自己本身在貫徹儒學思想的前提下，還在盡自己最大努力的為儒家學說的發展爭取更廣闊的政治空間。

在荀子晚年的時候，大多就是以授業和研究自己的儒學理論為主，西元前二三八年，一代儒學宗師離開了人世，終年七十五歲。

強國利邦謀略士──政治家

管仲——春秋第一相

　　說起春秋戰國時期的管仲，想必每一個人都會豎起大拇指，他真的是一個治國奇才。西元前六八九年，管仲就開始輔助齊桓公治理國家，從政四十年期間，齊國能夠成為春秋時期稱霸中原的大國，管仲可謂是功不可沒。孔子曾經說過：「齊桓公能夠成為中原第一霸主，並不在於他的兵力有多麼的強壯，而只是在於管仲一人身上罷了。」還說：「管仲輔佐齊桓公，稱霸諸侯，一統天下，就算是到了今天，管仲的功績也被人稱讚有加。」管仲任相期間，所提出的對於經濟、財稅等方面的改革政策在中國的經濟、財稅歷史上都有著十分重要的地位。

　　管仲的祖上還是周朝的王室，是姬姓的後人。齊國的大夫則是他的父親管莊，不過後來，管仲的家世中途衰落，到了管仲這輩已經很清貧了。為了維持生計，管仲曾經做過商人，去了很多的地方，見了不同的人，這種經商的經歷給管仲也帶來了不少的經驗，讓他對於世道的瞭解比較深刻。和管仲一起經商的還有他的好朋友鮑叔牙，他們兩人有著很深的情誼。在經商的過程中，只要是賺了錢，管仲總會給自己多分一點，而給鮑叔牙則要少一些，但是鮑叔牙卻從來不計較這件事情。因為在鮑叔牙的眼中，管仲的家境貧寒，家中又有一個年邁的老母親需要贍養，讓他多分一點銀子能夠減輕他身上的負擔。

　　管仲曾經也很想幫助鮑叔牙做點什麼，他的出發點是好的，可是每一回實施之後，不僅沒有幫得了忙，還給鮑叔牙帶去了很多的麻煩，真是有心卻是幫倒忙啊。因此，人們都將管仲看作是一個無用之人，毫無一技之長。但是鮑叔牙卻並不同意，因為他知道，他的朋友絕非是無用之人，反而他是一個很有本事的人，如果給他機會，那麼

他的成就很難想像。在這麼長時間的交往中，管仲和鮑叔牙之間的情誼已非常人能夠理解，管仲時常對身邊的人說：給我生命的是我的父母，但是深知我心的卻是鮑叔牙。

西元前六七四年，齊國的皇帝齊僖公駕崩，太子諸兒繼位，史稱為齊襄公。太子諸兒的皇位雖然來得名正言順，但是他的品質比較惡劣，昏庸無能，齊國的前途在他的手中堪憂啊！在那個時候，齊僖公還有兩個逃亡在外的公子，管仲幫助的是齊僖公的一個兒子公子糾，而鮑叔牙幫助的則是公子小白。一對知音分別給兩個皇子做了師傅，在當時一度被天下人所傳誦。但是鮑叔牙卻心有不滿，所以他經常會稱病不給公子小白傳授功課，因為在他心中，對兒子能夠深知的莫過於他的父親，而對臣子十分瞭解的莫過於他的君王。就是因為齊僖公心裡明白公子小白並不是儲君的材料，而他鮑叔牙在齊僖公心裡又是最沒有才華的，所以才讓他做了公子小白的老師。而管仲聽說之後，心裡卻並不這麼想，他找到鮑叔牙，開解道：「齊國上下所有的人因為厭惡公子糾的母親而連累到了公子糾本人，而他們卻對沒有母親的公子小白充滿了同情心。將來齊國的國君不是公子糾便是公子小白。雖然公子小白並沒有公子糾那麼聰明，而且性子還很急，但是他卻能夠有著遠慮。我知道公子小白是一個什麼樣的人，日後，就算是公子糾登上了皇位，最終他也會一事無成。那個時候，鮑叔牙你不來安定國家，還能有誰來安定呢？」鮑叔牙也覺得管仲的話十分有道理，於是便接受了這個任務，盡心盡力地教育輔佐公子小白。

西元前六八六年，齊國爆發了內亂。起因就是齊襄公登基為帝之後，將皇室另一個同宗兄弟公孫無知，身上所有的特權全部廢除，致使公孫無知勾結大夫偷偷潛入宮中，將齊襄公殺死，並且還自稱為下一任國君。公孫無知僅僅做了一年的皇帝之後，齊國內部再一次發動叛亂，公孫無知被殺，一時之間齊國上下動盪不安，秩序混亂，而兩

個在外逃亡的公子，深知時機已然成熟，都在尋找機會，盡快地趕回齊國，期望能夠坐上君主之位。

這場小戰爭並不只是兩個公子之間的戰爭，也是管仲和鮑叔牙這對好兄弟之間的戰爭，管仲為了能夠讓公子糾繼承皇位，派人去攔截公子小白，希望能夠為公子糾爭取時間。可是誰知道，這個時候，鮑叔牙早就帶著公子小白從小道先行回到了齊國的國都臨淄，而公子小白也很順利地登上了皇位，史稱齊桓公。

齊桓公繼位之後，要任命鮑叔牙為齊國的太宰，但是卻被鮑叔牙拒絕了，並且他還舉薦了自己的好友管仲，由他來擔此重任，但是因為管仲曾經襲擊過公子小白，於是在齊桓公繼位之後，便和公子糾一起逃到了魯國。鮑叔牙便建議齊桓公給魯國寫一封書信，希望他們能夠殺了公子糾，然後再協同將管仲送到齊國治罪。於是，依照著鮑叔牙的建議，齊桓公讓使臣將這封信送去了魯國。不得不說，管仲能有鮑叔牙這樣的朋友，可以說是死而無憾了！當初如果鮑叔牙不給他求情的話，那麼管仲一定不會有當宰相的那一天了，而歷史中的齊國稱霸局面也會因此而改寫，齊桓公的命運如何也不得而知了。

魯莊公手下有一個謀臣名叫施伯，他也是一個絕頂聰明的人，在他看來，齊桓公索要管仲，意並不在殺他，而是要重用管仲，輔佐他為政，管仲的才能有目共睹，一旦讓管仲成為齊國的相才，那麼齊國的前途將是不可限量啊，於是最好的辦法就是讓管仲站著出來，橫著出去。

可是魯莊公還沒有來得及實施計劃，就聽說齊國大軍已經駐紮在了魯國的邊境，軍事情況緊急，魯國剛剛吃了敗仗，齊國如果真的攻打進來，魯國是毫無招架的能力。於是，他趕快叫人將公子糾殺死，並且派人將管仲拿下，希望能夠使得齊國退兵。而公子糾生前的侍衛召忽則是跟著公子糾而去了。在他死之前，還對管仲說道：「我現在

死了，那麼公子糾也可以說有一個死後祀奉的忠臣了；而你還活著，你應該建功立業，能夠讓齊國稱霸中原，公子糾也就可以稱得上有功之臣了。死的人是為了忠誠，而活著的人要替他完成功名。生和死就是我二人的命運，現在我死了，我們二人也該完成各自的使命了，你還是好自為之吧。」

管仲被押到齊國邊境之後，就看到了鮑叔牙。兩個老朋友相逢，頓時格外的親切。鮑叔牙讓押送的士兵將囚車打開，並且除掉管仲身上的刑具，而且又讓管仲沐浴更衣，希望他日後能夠盡心盡力地輔助齊桓公來統治國家。管仲聽了鮑叔牙的打算之後，說道：「我和召忽是一起侍奉公子糾的，可是現在，公子糾生前我沒能輔佐他登上帝位，他死後我也沒能跟著而去，心中已經十分愧疚。如果再去侍奉公子糾的仇人，那麼天下的人都會恥笑我的不忠不義的！」鮑叔牙則是十分誠懇地說：「我一直以為你是一個聰明人，可是這個時候怎麼就糊塗起來了。成大事者不拘小節，而建功立業的人，更是不需要別人的原諒。你是一個治國的奇才，而齊桓公則是有著雄偉大業的君王，如果你能夠輔佐他，那麼你日後的功勞一定不可限量，而你的事蹟也會名揚四海，那個時候，誰還在乎你的過去呢。」

將管仲說服之後，鮑叔牙便回到了齊國的國都臨淄，向齊桓公報告了這件事情。鮑叔牙提議，應該挑選一個黃道吉日，用最隆重的禮節，讓齊桓公親自去迎接管仲，由此一來，不僅可以表現出對管仲的重視，讓管仲日後能夠死心塌地地輔佐齊桓公，而且這個舉動也讓齊國上下都會認可齊桓公禮賢下士、大度寬容的形象。

管仲任齊國的宰相之後，深感齊桓公的知遇之恩，竭盡全力地輔佐齊桓公治理國家。他頒佈了一系列的改革舉措，制定了有利於軍事、經濟發展的政策，使得齊國越來越富強，越來越強大。

在管仲的協助下，齊桓公成為春秋時期的第一霸主，而齊國則成

了第一大國。即便是這樣，管仲一生也是小心翼翼，謙虛謹慎行事。西元前六四七年，周王朝內部叛亂，周襄王向齊國求救，齊桓公將這件事情交給管仲去辦，管仲將此事處理得恰到好處，周襄王為了表示對大國的尊重，準備用上卿的規格來招待管仲，但是管仲並沒有接受。最後周襄王只得改為下卿的禮儀，管仲才答應出席。

當時，齊桓公一統中原的時候，想要封禪泰山，希望能夠用這樣的方式讓後人記住他的豐功偉業。當齊桓公在朝堂上說出這件事情的時候，管仲並沒有說一句話。下朝之後，有一個大臣問他為什麼不阻止齊桓公的決定呢？管仲說道，齊桓公本身是一個好勝的人，像這樣的局面，一定要私下裡阻止，如果是正面阻止，結果可能就會適得其反。當天晚上，管仲前去拜訪了齊桓公，並且成功說服了齊桓公，讓他打消了封禪的決定。

西元前六四五年，一代名相管仲的生命走到了盡頭。在他的床榻前，齊桓公詢問他合適的丞相人物是誰。管仲道：「國君您對自己的臣子應該很瞭解。」齊桓公想說是鮑叔牙，管仲卻說：「鮑叔牙是一個正人君子，但他見不得一點惡事，這樣的人不適合為政的。」齊桓公又問：「那麼易牙如何？」管仲說：「易牙太殘忍，竟然可以殺死自己的親生兒子，不適合。」齊桓公又說：「那麼開方怎麼樣？」管仲答：「開方太無情，連自己的父親去世都不回去，是一個無情無義之人，不忠誠。並且從他放棄封地來看，他是一個有野心之人，國君一定要遠離他。」齊桓公接著說：「那麼豎刁總可以吧？他為了侍奉寡人還自殘身體，應該可以？」管仲搖搖頭：「連自己都不愛惜，是不會忠心的，還請國君不要和這三個人走得太近。」隨後，管仲向他舉薦了隰朋，說他是一個可以相信的人，能夠幫助國君治理國家。不過很可惜，齊桓公並沒有聽從。

過了沒有多久，管仲便因病逝世了。齊桓公沒有按照管仲說的那

樣，他還是重用了易牙等三人，最後使得自己有了餓死的下場，讓江山斷送在自己的手上。

可以這麼說，如果沒有管仲，就不會有今天的齊桓公，如果沒有管仲，也不會有那時的齊國。管仲死後，齊桓公的宏偉霸業也走到了盡頭，未免不叫人可惜。管仲是中國著名的思想家、政治家，死於西元前六四五年，終年七十八歲。

子產──真正務實的政治家

　　子產在少年時代就以他的勤奮好學和博學多才著稱，因此又被人稱為「博物君子」，到了青年時期，他在政治上的遠見就已經顯露出來了。

　　關於子產的少年時代，歷史的資料中並沒有太詳細的記載。不過，子產出生在一個貴族家庭，那麼他受到的教育必定也非常良好，這在他十六歲時的論侵蔡事件中就能夠看出來。西元前五六五年，鄭司馬子國打勝了蔡，鄭國全民同慶，馬子國更是高興。但是一個少年卻冷靜地告訴大家，作為一個還不強大的小國，當務之急是管理好自己的內政，並不是去挑起戰事，這樣做很快就會遭到大國的侵擾。眾人聽了這個孩子的話，都認為是無稽之談，毫不在意，可是後來的事實證明，這個孩子的話是對的。他就是少年時代的子產。

　　西元前五六三年，當時正是子駟當國，那一年鄭國發生了一系列的暴亂，子國和正卿在暴亂中被打死，全國上下一片惶恐，而此時的子產卻保持著一貫的冷靜。他先派人守住門口，將所有的家臣屬吏都聚集到一起，積極部署防守，然後帶領著十七乘兵車出城去為鄭國剛剛死去的子國和正卿弔了屍，隨後又帶人去攻城，別的貴族也得到消息前來相助，最後暴亂的賊子全部被殺。這件事之後，鄭國的卿大夫們對這位年僅二十二歲的公孫僑刮目相看。此後他又幫助子孔當國，平定一系列的亂事，表現出了他臨危不懼的大將之風和勇敢應對敵人的才智。

　　西元前五五四年，子孔因為自己的專斷獨行被人殺死，後來，子展繼位當國，封子產為卿，從此子產開始了他的政治生涯，但此時的他只是著手於本國的外交事情，並沒有插手內政。

西元前五五一年，晉國利用自己盟主的身份命令鄭國前往朝聘。到達之後晉國人責問鄭國為什麼要和楚國結交，子產不卑不亢地從鄭晉的友好關係說起，強調強大的晉國並沒有盡到保護小國的責任，還經常以各種藉口向小國索取，因此某些小國很可能會不堪忍受，最終成為了敵國。大國在責備小國之前，應該先在自己的身上找到原因。晉國人聽了這番話，自知理虧，再也不責備鄭國了。

西元前五四九年，子產將自己對給晉國朝貢的見解以信的方式給晉范宣子寄去了，在信中他以懇切的言辭勸他減輕盟國對盟主納幣的負擔。他的這篇信件成為中國歷史上一篇著名的有聲有色的外交檔。後來吳國的勢力逐漸強盛，在今天的長江淮水流域一帶和楚國不斷發生戰爭，楚國忙於戰事根本無暇顧及北方的小國，此時的鄭國就選擇了和晉國私下裡交好。

西元前五四八年，鄭國的大將率領本國的軍隊入侵陳國，結果大敗陳國。這次鄭入侵陳，本是想要討盟主晉國的歡心，因此戰爭剛剛結束，子產便去向晉國彙報。可是此時晉人卻害怕鄭國因此而強大起來，故意刁難鄭國，問子產為什麼要去侵佔小國？子產根據時下的情勢不慌不忙地反問晉國：「各國都在拼命擴張自己的領土，以使自己更加強大，我們去攻打陳國，好像也沒錯。」

西元前五四七年，楚國對外宣稱要攻打鄭國，理由是為其它國家報仇。鄭國的實力遠遠不如楚國強大，與楚國交戰，只能是以卵擊石。子產分析了當時的形勢，認為楚國和晉國剛剛簽署和議，挑起戰爭並不是他們的本意。楚國不過是借助鄭國的地盤逞一下自己的威風罷了。子展聽從了子產的意見，打開城門迎接楚軍。楚國見鄭國如此識相，只是在鄭國耀武揚威了一番，便班師回國了。

子產在外交上不僅能言善辯，而且能夠在特殊時刻解決國家的難堪局面。曾經，晉國的權臣趙武路過鄭國，鄭簡公召集本國的王公大

臣作陪，設宴招待趙武。趙武此次到鄭國還想刺探一下鄭國國內的政治形勢，於是酒過三巡之後，趙武便提出請在座的子展、子產、子西、印段、子大叔和公孫段等人為此次酒宴賦詩助興。孔子曾經說過，作為一個國家，如果國內之人不懂詩篇，那是非常丟臉的一種行為。於是子產最後賦詩〈隰桑〉，不但誇獎了趙武品德高尚，還表明了自己國家作為東道主熱情款待的心意。由此可見，子產不僅具備能言善辯的外交辭令，而且才思敏捷。

子產在處理鄭國貴族之間的矛盾時也會考慮到本國政治的需要，而且講求禮法。駟帶率領國人對伯有進行討伐，伯有死後，鄭國人因為畏懼駟氏的權勢，幾乎沒有人敢去弔喪，但是子產卻枕股而哭，並且按照相應的禮數將他埋葬了。駟氏知道後要殺子產，但是子皮理解子產的行為，於是用本國的立法勸阻他們，最終使事情得到瞭解決。後來子皮推薦子產從政，二人互相配合，將國內治理得井井有條。後來子皮死後，子產悲痛萬分，不禁失聲而哭，並且還向人說自己的政治思想只有子皮才能理解啊！

子產決定執政之時，正趕上國家內憂外患。當時，晉、楚互相爭奪霸主地位，鄭國作為一個小國處在兩國之間，隨時都有被吞併的危險。而且國內的政局也十分動盪，貴族之間明爭暗鬥，爭權奪勢，隨時都有發生變亂的可能。面對這種嚴峻的形勢，子產上任之後，立即推行了一系列措施。對內，他根據國家的具體情況重新制定相關的法度，實施寬猛相濟的政策，對百姓進行安撫，抑制貴族之間的勢力，保持國內的政局長期穩定；對外，積極回應各國的諸侯，在大國之間周旋，卑亢相宜，以自己卓越的外交辭令使強敵折服，為鄭國贏得穩定的發展環境。

所謂「寬猛相濟」，就是指有大略者不問其短，厚德者不非小疵。這個政策既維護了大多數貴族的利益，又適當地限制了他們的特

權。對於那些貪暴過度者則採取嚴厲的懲處，絕不姑息。對於百姓，主張鄭國君主實施仁政，對他們存有仁愛寬容之心，同時允許國人參議國家政治要事。子產所有的改革措施都是根據本國的實際情況制定的，因此推行起來並不會很難，容易讓人接受，而且有利於穩定國家當下的時政，避免發生內亂。

三項改革所指的主要是：「作封洫」、「作丘賦」、「鑄刑書」。

「作封洫」，就是改革田制。要求重新丈量土地，劃分土地的疆界，同時編制田畝，溝通田間的水利，承認農民的土地私有權，並且對農民的私田實行徵稅制度。後來這一項制度又被進一步改革為「作丘賦」，就是按農民田畝的數量具體徵稅、服兵役，這兩項政策承認了國民土地私有，不但調動了國民的積極性，而且增加了國家的賦稅，充實了國庫。

這兩項改革使舊的井田制瓦解，那麼為了適應新的改革，軍賦形式自然也要改變。因此，子產又制定了新的「鑄刑書」制度。該制度是指將鄭國改革後的新制度，以法律條文的形式公佈於眾，並且監督全國的國民都要嚴格遵守，以這種法律手段保證國家走上政通人和的發展軌道。這三項制度的確立不僅限制了貴族的權利，而且使許多民間的有志之士能夠得到破格錄取的機會，為國家搜羅了大量人才，保證了國家的穩步發展。

子產推行的這些改革實踐，說明他是一位真正務實的政治家。他雖然沒有衝破舊的封建統治的枷鎖，但是他根據本國的實際情況予以適當的改革，這是一種進步而科學的思想。不僅如此《史記·循吏列傳》中也對子產的政績做出了很高的評價：「為相一年，豎子不戲狎，斑白不提挈，僮子不梨畔；二年市不豫賈；三年，門不夜關，道不拾遺；四年，田器不歸；五年，士無尺籍，喪期不令而治。」這其

中或許有些誇大的成分，但事實卻也確實如此，子產執政期間，全國
人民安居樂業，國內的政治局勢也非常安穩，社會秩序井然，鄭國也
變得越來越強。

晏嬰──才華出眾的「小矮人」

齊景公也算是一位有雄心的君主，希望有朝一日能夠光復先君的偉業，重振齊國雄風，於是，便召來晏嬰詢問他興國安邦的策略。晏嬰想了一會兒，說道：「臣先陪大王去微服民間一趟，回來後我們再議興國大計，如何？」齊景公立馬來了興致，便欣然同意了。

君臣二人前往京都臨淄的一個鬧市，路過一家鞋店，裡面擺放著各種各樣的鞋子，但是卻生意慘澹，而旁邊的一家假腳店卻門庭若市。景公搞不明白了，為什麼沒有人買鞋子卻都去買假腳呢？景公吃驚地問店主，店主憤憤地說：「當今國君濫施酷刑，很多人都被砍去了腳，他們不買假腳怎麼能夠繼續生活下去啊！」景公聽到民間對自己竟然是這種態度，很是傷心。晏嬰見景公悶悶不樂，知道是剛才店主的話觸動了景公，於是說道：「先君桓公之所以能夠建立豐功偉業，是因為他能夠廉潔奉公，關心民間疾苦，選賢任能，國風清正才取得了傲人的成績。如今大王親小人，遠賢良，百姓……」景公自慚形穢，還沒等晏嬰說完就打斷了他的話，說道：「相國所言，寡人已經明白，寡人也要勵精圖治，光大宗祠社稷。」

晏嬰主張改革嚴刑酷法，反對濫施暴力，這些主張對於緩和齊國不斷激化、日益尖銳的社會矛盾和維護國家百姓的安定生活，是有其積極意義的。晏嬰的這一主張，與他「寬政惠民」的仁政思想是一致的。

有一次，景公率群臣到紀地遊覽，有人將撿到的一個精美金壺送給了景公。景公仔細把玩，發現在金壺的裡邊還刻著「食魚無反，勿乘駑馬」八個大字。景公想了想解釋道：「吃魚不吃另一面，是因為討厭魚的腥味；騎馬不騎劣馬，是嫌它不能跑遠路。」大臣們紛紛附

和讚歎景公理解深刻。

晏嬰卻在一旁默不作聲，沉默很久後說道：「臣愚鈍，臣認為這八個字包含了治國的道理。『食魚無反』是告誡國君體恤民生，不要過分壓榨百姓；『勿乘駑馬』是告誡國君慎重用人，不要重用那些無德無才的人。」景公有些不高興，反問道：「既然有這麼好的名言，紀國為什麼還是亡國了呢？」晏子答道：「臣聽說，君子主張一般都懸掛於明顯易見的地方，時刻提醒自己，牢記不忘。紀國卻把名言放在壺裡，能不亡國嗎？」景公聽後若有所悟，吩咐隨行的大臣們一定要記住金壺裡的格言。時間一長，這位好高騖遠的國君就忘卻了自己復國建業的雄心壯志，早就把紀國那金壺裡的格言拋到腦後去了。他還是想通過豢養一批勇士，用武力的辦法來實現自己的霸業。

當時，齊景公豢養了三個勇士：一個叫古冶子，一個叫公孫捷，一個叫田開疆，三人號稱「齊國三傑」。這三個人個個勇猛異常，深受齊景公的寵愛，但是他們借著齊景公的寵愛為所欲為，非常的囂張狂妄。時齊國的田氏，勢力越來越大，已成為齊國最大的一個家族，直接威脅到景公的統治。而田開疆正屬於田氏，晏子很擔心「三傑」為田氏效力，多次請求景公除掉「三傑」，然而景公沒有理睬晏嬰的建議，晏嬰為此憂心忡忡。

一天，魯昭公訪問齊國，齊景公設宴款待。「三傑」佩劍站在大堂上，態度十分蠻橫傲慢。這使晏嬰非常氣憤，於是好說歹說終於將齊景公說動了，同意除掉這三位勇士。可是，要除去這幾位大力士絕不是輕而易舉的事情，要怎麼做才好呢？晏嬰不愧為一位足智多謀的名卿，他想了不多一會兒，便想出一計。當兩位君主酒至半酣時，晏嬰說：園中的金桃已經熟了，我去摘幾個讓二位國君品嘗品嘗。說完晏嬰俯首告退，不一會兒，晏嬰端著玉盤獻上六個桃子。眾人一見，這桃子個個碩大新鮮，桃紅似火，香氣撲鼻，令人垂涎。景公就問

了，怎麼就這麼幾個？晏嬰說，其餘的都不大熟，只摘了這六個。說完恭恭敬敬地獻給魯昭公、齊景公一人一個。魯昭公一邊吃一邊誇獎桃味甘美。景公很高興，賞給了名臣叔孫諾和晏嬰。這時，盤中還剩有兩個桃子。景公在晏嬰的授意下，傳令群臣功勞最大的兩個人就能夠吃到金桃。為了這麼個金桃，三人爭了起來，都說自己的功勞最大，而事實上功勞最大的田開疆晚了一步，沒有吃到金桃，覺得在二位君主面前丟了顏面，揮劍自刎了，公孫捷和古治子沉不住氣了，為自己剛剛的行為而感到羞憤，竟也先後拔劍自刎了。

晏嬰當政期間，齊國公室衰敗，大夫專權日益嚴重，並且屢屢發生親人兄弟君臣間自相殘殺的事件。面對這種形勢，晏嬰提出以禮治國的想法，他認為，禮是一種維繫社會秩序的行為規範。而君王的守禮是十分重要的。晏嬰常常規勸景公帶頭遵守禮規。當時，一些大臣們看景公非常喜歡兒子荼，就商量著想讓景公廢掉公子陽生而立荼為太子。晏嬰知道後堅決地認為這是違禮的舉動，庶子不能逾越長子。但是，景公卻不聽晏嬰的勸告，執意要立荼為太子，以至於後來釀成了大臣頻頻立帝又頻頻廢帝，最終將齊國占為己有的大禍。

當時齊國的賦斂也非常的繁重，統治階級為了滿足他們驕奢淫逸的生活，無限制地對人民剝削。結果是公室所積聚的糧食財物因陳放過久都腐朽生蟲了，而百姓們卻陷入了飢寒交迫的境地。晏嬰得知後就借助當時齊景公因久病不愈而欲誅祝史的問題，趁機勸說景公行仁政、薄賦斂，他說：齊國境內的人民很多，不管祝史怎麼樣地去祭祀祈福，又怎麼能敵得過怨聲載道的人民的詛咒呢？您如果要殺祝史，還不如潛修自己的品德，施行仁政呢。

齊景公聽了晏嬰的話就立刻下令各級官吏推行仁政，下令輕繇薄賦，與民休息。與此同時，景公深感自己的錯誤，下了罪詔向國人謝罪。

同時，晏嬰還勸誡景公舉賢用能，禮賢下士，懲治讒佞。他認為讒佞之人造成國君閉目塞聽，賢人無法暢言，若不及時制止，他們將進一步讒害忠良，危害國家，是國家落寞的原因之一。

春秋中期，諸侯爭霸，戰爭紛起，中原強國晉國盯上了齊國。為了探清齊國的形勢，晉國便派大夫范昭出使齊國。齊景公款待了范昭。席間，范昭借著酒勁向齊景公討酒喝，齊景公吩咐左右將酒斟入自己的酒杯給了范昭，范昭一飲而盡。晏嬰看在眼裡，立即命人給景公換了個酒杯。因為當時的禮節中，君臣不能用同一個酒杯，范昭用了景公的酒杯，本身就是對景公的大不敬，范昭本來想通過這招試探景公的反應的，沒成想被晏嬰識破。回國後，就對晉平公說了這件事，並且認為齊國有這樣的人才，現在攻打，一定沒有勝利的把握，還是先放放吧。於是，晉平公放棄了攻打齊國的打算。

晏嬰的細心和敏捷，使齊國免遭了一場戰爭的洗劫。雖然說晏嬰的身材矮小，但是他莊重識大體，威嚴敏捷的氣勢和應對如流的言辭很完美地彌補了他的這個缺憾，讓各諸侯國都敬他三分。每次齊景公交給他的出使任務，他都能不辱使命，完成的特別漂亮。

有一次，晏嬰出使吳國，吳王聽說晏嬰以能言善辯和反應敏捷著稱，就想試探一下。當晏嬰到達吳國時，負責接待的侍從就在吳王的吩咐下對晏嬰說：「天子請見！」晏嬰一聽非常吃驚，齊吳並非諸侯國，吳王卻在這自稱天子，這不是存心蔑視其國，要為難於我嗎？晏嬰靈機一動，就站在原地不動。「天子請見！」侍從官連喊三聲見晏嬰沒有任何反應，就飛速稟報了吳王。

無奈，吳王只好出來親自迎接。晏嬰見吳王出來，便首先施禮，然後問吳王：「我受齊王之名前來拜訪貴國，但是我最近耳朵有些毛病，總是聽侍從官高喊天子謹見，既然您自稱天子，那我就是等天子下朝了。不過，原來的吳王應該算什麼呢？」吳王非常惱怒，但又無

可奈何，只好按照禮節召見了晏嬰。吳國朝廷中的官員見到這般情景，私下裡無不感歎：這個人雖然其貌不揚，但卻機智無畏，不簡單啊。晏嬰雄辯四方的威名傳遍了各國，得到了許多人的尊敬。

晏嬰雖然身為輔相，卻大力宣導儉樸節約，他不像貴族士大夫們那樣驕奢腐敗，生活奢侈墮落。他身體力行「食不重肉，妾不衣帛」，以清廉節儉為齊人所稱道。他平時穿的和百姓一樣，都是粗布衣服，即便祭祀祖先時也不過把衣服洗洗整理乾淨了再穿而已。他只有一件狐皮大衣，只是在出使他國或參加盛典時穿，並且一直穿了三十多年。他每天的飲食也很清淡，正餐也不過是糙米飯，只有一葷一素兩個菜而已，從不搞特殊。

晏嬰的住房低矮簡陋，環境又差，外形看來根本就不像是一個相國府，更像是一個民居。齊景公看他的住宅如此寒酸，就多次要給他蓋座新房，都被他婉拒了。一次，景公在他出使魯國期間，為他擴建了住房，他回來後，把車停在郊外，怎麼也不肯回到擴建的家中。齊景公無奈，只得恢復了原貌。他對齊景公說：「我這樣做，是為了給黎民百姓做個榜樣，如果大臣們各個錦衣玉食，奢靡享樂，百姓們就會跟著效仿，就會導致社會風氣的敗壞，奢靡之風盛行。到那時，想要糾正就更難了，所以我不能接受您的賞賜。」齊景公尊重了晏嬰的做法。

齊景公有一位寶貝女兒，年輕貌美，對晏嬰心儀已久。她經常在宮中聽到晏嬰的事蹟，雖然見晏嬰長得並不高大英俊，但是還是對他暗許芳心，一心想要嫁給他。景公也很看重晏嬰，就準備找機會促成這門婚事。一次，景公故意在閒置時間到晏嬰府上赴宴尋找機會，酒至半酣，看到一個老婦人穿堂而過，便明知故問：「這就是你的妻子嗎？」晏嬰點頭稱是。景公故作驚訝地說：「相國啊！你位居高位，整天面對這麼一個又老又醜的妻子，真是委屈你了。我有個女兒年輕

漂亮，對你傾心已久，願意給你當夫人，你看怎麼樣啊？」

晏嬰馬上站了起來，誠惶誠恐地說：「雖然我的妻子現在又老又難看，可是她也年輕過。年輕的時候也非常漂亮，我們一起生活了幾十年，是時間和生活將她催成了這樣子，她為我付出了很多，我決不能辜負她！主公您的好意我心領了，但恕我萬不能從命！」說罷，俯身下拜不起。景公見狀，也不再勉強他了。晏嬰一生清廉儉約，即便是在臨終之際，也不忘告誡家人喪事從簡，不許鋪張浪費。

晏嬰在齊國的政治舞臺上度過了他的一生，他機智靈活而不固執呆板，忠君而不保守，遵禮尚賢而又節儉愛民。司馬遷作《史記》時，將他與齊國的另一著名宰相管仲並列在一起作傳，但是卻對兩人做了不同的評價：「晏子儉矣，夷吾（管仲）則奢；齊桓以霸。景公以治。」同時情不自禁地說：「如果晏嬰還在世，我心甘情願為他當馬夫。」仰慕之情，溢於言表。

在中國歷史上，不乏將相之才，但晏嬰卻是一個很獨特的人物，這無關乎他的地位，而在於他幽默機智充滿靈氣的辯才。更重要的是，晏嬰只是一個又矮又醜的傢伙，卻能夠當上相國，用自己獨特的方式，影響了三代君主和臣民，這在春秋各國中可是不多見的。

商鞅──下場悲慘的變法者

　　商鞅從小受李悝、吳起等人的思想影響，對「刑名之學」產生了濃厚的興趣，就潛心研究起了治國之道。他曾經在魏惠王的相國公叔座手下做事，深得公叔座的重視。公叔座病危時，曾向魏惠王說：「商鞅是一個可以為相的人才，如果不用，就一定要把他給殺了，千萬不要讓他走出魏國為他國所用，否則，他將會成為魏國最大的威脅。」魏王不以為意、沒有照做，直到後來秦國滅魏時，他才後悔自己當初沒有聽公叔座的話。

　　戰國時期七雄爭霸，秦國還處於比較落後的地位，秦孝公為了實現自己的雄心壯志，決定在各國徵召有才能的人輔佐自己。他在求賢詔令中說：「只要能使秦國強盛，不僅能夠得到土地而且有高官厚祿在等著他。」商鞅在魏國鬱鬱不得志，聽到這個消息，就決定到秦國去碰碰運氣。

　　到了秦國，商鞅通過秦孝公親信景監的介紹，得到了與秦孝公見面的機會。商鞅為了摸清秦孝公的性格，前兩次會面時，他只講王道，閉口不談強國之策，秦孝公聽得昏昏沉沉。到了第三次，商鞅知道時機已到，就大講富國強兵之道，秦孝公聽了大加贊許，也有了精神。兩人非常投機，談了很長時間，從此商鞅得到了秦孝公的重用。

　　在取得了秦孝公的信任之後，商鞅就將自己的變法思想告訴秦孝公，說這樣一定能使秦國強大起來。剛開始，秦孝公很贊成變法，但是，變法觸犯了秦國貴族的利益，紛紛堅決反對變法。秦孝公看到這麼多的貴族反對，開始猶豫了。於是，他召集了一些朝廷大臣商議變法是否可行。

　　商鞅說：「古代聖人治理國家，只要能使國富民強，根本就不必

按照老規矩來行事。」話剛說完，貴族甘龍就站出來反對說：「不對！聖賢之人通過順應民眾的習俗推行教化，明智的人是不會冒著風險治國的。依據舊制度治理國家，輕車熟路，官吏熟悉，百姓安定，否則，就會引起紛爭了。」他要秦孝公三思，不可輕舉妄動，以免造成禍國殃民的局面。兩派爭論了很久，秦孝公聽著商鞅滔滔不絕的雄辯，覺得很有道理，決定支持商鞅變法。他任命商鞅為左庶長，開始了一系列重大改革。在西元前三五九至前三五〇年，商鞅兩次公佈了新法。其主要內容有：

一、建立法律。規定凡有軍功者都可以得到相應的獎賞，貴族沒有軍功不再授爵。與此同時，還規定了禁止私鬥，目的是在於削弱奴隸主的勢力，加強封建中央集權。這一制度的出臺無疑沉重地打擊了舊貴族勢力，鼓勵了新興的地主階級。

二、鼓勵耕織，發展封建經濟。商鞅認為，農業是國家富強的基礎，而商業是「末業」。商鞅的「崇本」、「抑末」的政策，鼓勵人們發展農業，防止商賈和高利貸者兼併土地。

三、制定嚴厲的法令，實行「連坐」法，輕罪重刑。商鞅以嚴厲的法令來維護封建地主階級的利益。

四、實行郡縣制。他把秦國劃分為三十一個縣，設立縣令和縣丞管轄。縣成為封建地方政權的基本組織形式，加強了中央集權。

五、開阡陌封疆，承認土地私有。鼓勵農民開墾荒地，承認土地私有，允許農民自由買賣土地。這樣就以法律的形式廢除了舊的土地制度，肯定了封建土地所有制。

六、統一度量衡，促進了秦國經濟的迅速發展。

商鞅擬好新法後，為了加強新法的信任度，派人將一根三丈長的木杆豎立在南門，說只要能搬到北門的，賞十金。人們好奇心很重但沒人敢試。他又加大了懸賞力度賞給五十金。重賞之下必有勇夫，終

於有人站起將木頭扛到了北門。商鞅立刻當眾賞給了他五十金。通過這件事，商鞅取得了人們的信任。商鞅抓住了這個時機，公佈了新法。

新法的頒佈受到許多人的擁護，但也遭到了舊貴族的強烈反對。新舊兩種勢力之間的鬥爭更激烈了。當時太子的老師公子虔和公孫賈在幕後唆使太子觸犯新法，但被商鞅識破，他對秦孝公說：「太子犯法，是老師沒有教育好，應該給老師處罰。」於是就下令把他倆一個割掉鼻子，一個臉上刺了字，從此再沒有人敢議論新法了。秦國經過商鞅變法，面貌煥然一新，從一個落後的國家，一躍而為「兵革大強，諸侯畏懼」的強國。商鞅採取暴力手段，不斷鎮壓奴隸主貴族的反抗，遭到了當時舊勢力的強烈反對。剛開始，貴族派一個叫趙良的人去勸說商鞅讓位，或者是取消殘酷的刑罰，於人於己都方便。但到了最後就威脅商鞅，說他不遵守舊制，觸犯貴族利益早晚要失敗的。

秦孝公二十二年，秦孝公死了，太子駟即位，史稱秦惠文王。商鞅失去了可以庇護他的人，危機重重。太子的老師公子虔見報仇的機會來了，就誣告商鞅密謀反叛，惠文王偏聽偏信，馬上下令逮捕商鞅，商鞅聞風而逃。逃亡路上需要住店時，因沒有通行文書，又知道他是商鞅，店主不敢收留，否則，被發現他就要與商鞅同罪了。店主對他說：這是您制定的規則，可怪不得別人。無奈之下，商鞅轉而逃回老家，跑到了魏國，而魏國人因為他當初設計生擒公子昂，迫使魏國交還過去奪走的西河地，對他心生芥蒂，早已恨之入骨了，就堅決地拒絕他入境。無處可逃的商鞅只好回到自己在秦國的封地商邑，組織了一些人馬，準備抵抗秦軍對自己的抓捕，但是寡不敵眾，他最終還是被惠文王的軍隊抓獲了。惠文王以殘酷的刑法「車裂」，把商鞅處死了。

但是，秦惠文王及公子虔等殺死商鞅，並不是新舊兩種勢力的鬥

爭而是地主階級內部的矛盾。因此，商鞅死後，改革並沒有在秦國就此止步，封建制得以繼續的發展，並且得到了不斷的加強。

商鞅變法是戰國時期最典型也是最徹底的一次政治改革，它適應並推動了當時社會生產力的發展，是歷史發展的客觀要求。同時也為秦統一六國打下了堅實的基礎，秦始皇實行的許多重大政策也取自「商君之法」。商鞅本人雖然因變法而慘遭車裂之刑，付出了生命的巨大代價，但他變法的偉績和變法的勇氣決心卻永垂青史。

縱觀歷史，任何一次變法維新，不只是一種治國方略的重新選擇，而且是一種社會利益關係的重新調整，這也正是改革會不斷遭到阻力的真正原因。由於新法中有大量的觸犯了貴族階層的改革措施，這些土地和官職一向具有壟斷特權，因而遭到了以太子為首的舊貴族勢力的強烈反對。但是商鞅卻並沒有趨炎附勢，歸附在這些有權有勢的人手下，他堅持自己的觀點，認為法律的制定，並不只是用來約束百姓的，君主犯法與庶民同罪，因而嚴厲懲辦那兩位唆使太子違抗新法的老師，也確實起到了「殺雞給猴看」的作用。人們可以看到，就連太子的老師都難逃法律的制裁，任何的僥倖心理都拋到了九霄雲外，只好老老實實的了。經過商鞅的踐行和努力，新法「行之十年，秦民大悅。道不拾遺，山無盜賊，家給人足。民勇於公戰，怯於私鬥，鄉邑大治」，秦國的形勢一片大好。

但是，作為地主階級的政治家商鞅，在變法的同時，以最殘暴的方式來鎮壓人民，以達到維護封建統治政權的目的。他的「連坐」法制定的相當殘酷，加深了人民的痛苦，引得怨聲四起，也為自己埋下了禍根。許多史書也都說，商鞅的變法其實對人民是沒有什麼好處的，刑法越來越多，越來越殘酷，只會使得社會上沒有人敢發表自己的意見，許多民聲無法真實地傳遞到統治者耳中，也正是由於這些負面影響，才使商鞅死後落得了「秦人不憐」的悲慘境地。

　　宋代改革家王安石曾在〈商鞅〉中詩云：自古驅民在信誠，一言為重百金輕。今人未可非商鞅，商鞅能令政必行。無論變法也好，改革也罷，其實也都只是社會的一種巨大變革。如果當時的政治社會環境比較穩妥，要在採取比較平和穩當的方式來完成這個過程，變法者就要懂得妥協和讓步，達到自己身家性命的安全和變法改革的成功。然而，歷史的進步總是需要付出代價的，商鞅用自己的生命換來了變法的實施，卻實在是代價太大了。歷史上的法家大都以嚴峻著稱，採用過激的流血手段來達到他們所要達到的目的，這就是他們中大多數人下場不好且遭指責的重要原因之一。

　　但是，評價一位歷史人物還是要看他在歷史上留下了什麼重要的貢獻。商鞅變法之後，使得秦國迅速的富強起來，並為一百多年以後秦始皇統一中國打下了基礎，也為確立和鞏固封建制度做出了極大的貢獻。因此，我們應該本著實事求是的原則公正地評價商鞅的歷史功績。

田單──「火牛陣」的執行者

西元前二八四年，群雄爭霸，燕國將軍樂毅統率燕、趙、韓、魏、秦五國聯軍大舉進攻齊國。齊國不敵，很快就喪失了七十餘座城池，只剩下了莒城和即墨兩座城池未被攻陷。齊閔王深感大軍來勢兇猛，政權岌岌可危，於是，放棄齊國都城臨菑逃到了莒城，集中兵力死守。燕軍勢如破竹，長驅直入，連連攻城拔郡。

當時的田單還是臨菑一位名不見經傳的小官吏。大軍入侵，很多官員和百姓逃往即墨，途中，田單很巧妙地將車軸兩邊突出的部位鋸掉，並包上了鐵皮，加固車身。因此，他坐的車行動靈活，很順利地到達了即墨。而當時的許多官員，都因為所坐的車車軸太長，逃難過程中互相刮碰，途中不免車翻人亡，有的還因為行動緩慢而被燕軍俘虜，當作了人質。從這件事中就能夠看出，田單還是有些聰明才智的。就在這關鍵的時刻，即墨的守將卻突發疾病而亡，一時之間，城中因為沒有了領兵禦敵的主將而人心惶惶。於是，大家都推舉田單繼任將軍，共同抗敵。國難當前，匹夫有責，田單欣然受命，擔負起了領導即墨軍民抗燕的大任。

田單上任即墨守將後，並沒有盲目的出戰。他清楚地看到，當前兩軍的實力相差甚遠，在這種敵強我弱的形勢下，如果要從根本上扭轉戰局，就必須想辦法改變兩軍的力量對比，要麼使齊軍戰鬥力由弱變強，要麼燕軍由強變弱。為此，他採取了一系列措施。首先，他不斷調整防禦部署，採取各種策略激發軍民的鬥志，動用一切可以動用的力量。他以身作則，將自己的妻妾整編到了守城隊伍中，又拿出了個人家財來犒賞軍士，激發鬥志。田單由此在軍中樹立了威信，凝結了民心，為以後的堅守即墨創造了有利的條件。

　　燕將樂毅有勇有謀，熟悉韜略，是一位驍勇善戰的謀將。而齊軍想要守住即墨，打敗燕軍，就必須首先將樂毅除掉。當田單聽說新繼位的燕惠王不信任樂毅時，就利用反間計來除掉樂毅。燕惠王輕信了謠言，派心腹大將騎劫代替了樂毅的前先將軍之位。少了樂毅，燕軍實力大為減弱，軍心渙散，而樂毅的離開也使田單對戰爭的勝利有了更大的信心。

　　這個新上任的騎劫是個狂傲自大、有勇無謀的粗人。他上任後，二話不說便加緊了對即墨的攻擊力度。抓住了騎劫的弱點，田單就派人到處宣傳說，我們最怕燕軍把被俘士兵的鼻子割掉，再派他們來和我們作戰了，那樣的話，即墨城就失陷了。騎劫聽後，果然派人照做了。

　　城內的人看到燕軍這樣殘忍地對待自己的同胞，都很憤怒，決心誓死守城，唯恐被當作燕軍的俘虜。田單又派人揚言：燕軍要是刨我們的祖墳，戮先人的屍骨，我們就該棄城了。天下也再沒有比這更令人寒心的了。騎劫又上了當，真的派人刨祖墳燒屍骨了。即墨人看見後，痛哭流涕，十分悲憤，憋著一肚子氣想出戰殺敵。

　　就這樣，田單成功地利用騎劫擴大了燕齊之間的矛盾，大大增加了齊人對燕軍的憤恨，從而更堅定了城中齊人仇恨燕、抗燕的決心。於是，田單親自操持版築、鍬鍬，一起加緊修造營壘，命令甲士埋伏起來，僅僅派老弱婦孺登城守衛，迷惑敵人。他還派遣使者向燕軍請降。燕軍聽說齊國要投降，立馬歡呼萬歲。田單又想方設法搜集了二萬多兩黃金，送給燕國將領說：「即墨不久就要投降了，但是希望將軍您能夠不掠虜我們族人的妻妾，讓我們過個平穩日子。」騎劫非常高興地答應了，燕軍從此放鬆了對田單的戒備。

　　田單覺得反擊的時機到了，就開始積極地備戰。他在城內收集了一千多頭牛，做了全部的武裝，在牛身上披上紅色綢衣，畫上五彩龍

紋，牛角捆上刀劍，牛尾綁上浸透了油的蘆葦。夜間，趁敵軍鬆懈的時候，點燃牛尾上的蘆葦。牛一受驚，就從城洞狂奔向燕軍。牛尾火炬將夜晚照的透亮，五千多名士兵緊跟之後衝擊，留守的人們敲打銅器吶喊助威，聲勢浩大。燕軍看到這種情況早就不知所措了，連連後退。

田單乘勢追擊，齊民也群起回應，所到之處勢如破竹，很快就收復了之前失陷的七十多座城池。田單的「火牛陣」，是中國軍事史上高度發揮主觀能動性、以弱勝強的經典戰例，堪稱戰史奇觀。

田單復國有功，被齊襄王封為相國，並把安平城賜給了他，所以田單也被稱為安平君。然而田單的高升卻引起了貴族大夫們的不滿和嫉妒，總想找個機會教訓一下田單。但是田單雖然身居要位，但是仍然能夠體恤百姓，為百姓做實事，深得人民的愛戴和尊敬。他看到，剛剛經歷戰爭的百姓生活舉步維艱，可是那些貴族大夫們卻絲毫不管百姓死活，為了自己安樂，仍舊強徵暴斂，搜刮民財。田單非常生氣，便向齊襄王上報了這一情況，並曉以利害關係，齊襄王便下令約束了士大夫們的行為，這下更加惹惱了那些貴族大夫，他們暗自勾結，千方百計地污蔑陷害田單。但田單認為自己問心無愧，就對這些污蔑和謠言沒有理會，也沒有在齊襄王面前辯解。時間久了，壞話聽多了，而田單又沒有任何解釋，於是他越來越懷疑田單。

有一次，田單路過淄水，見到一個老人蹚河而過，出了水面已經嘴唇發紫，支撐不住了。田單便解下自己的皮袍給老人披上，迅速將老人抱入懷中，用自己的體溫為老人取暖，並讓車夫快馬加鞭奔往安平城。田單回到家時，老人臉上已經現出淡淡的紅暈，漸漸地緩了過來。田單忙令家人悉心照顧老人，直到老人康復。

田單雪地解衣救人的事，很快傳遍了齊國，人們更加尊敬這位國相了。這消息自然也傳到了那些貴族大夫的耳朵裡，他們決定利用此

事參田單一本。一合計，他們便跑到齊王宮裡，對齊襄王說田單救人其實是為了收買人心，謀權篡位。

原本齊襄王就因為之前的事對田單起了懷疑，禁不住這些士大夫們的炮轟，就相信了田單別有居心了。貴族大夫們見目的已達到，齊襄王已經動搖，心中暗自高興，便辭別齊襄王，各自回府，等待處死田單的好消息了。

貴族大夫們走後，齊襄王生怕走漏風聲，警惕地四望，卻看見一位宦官臉色詫異的站在窗外。齊襄王有些不放心，便把這位宦官叫到近前責問他。宦官也有些害怕，承認了自己剛才的確聽到了大夫們的話。但他請求齊襄王能夠聽他一言，齊襄王應允。

於是，宦官就對齊襄王動情地說：「相國身居高位，卻從來不依仗權勢徇私，他體恤民間疾苦。戰爭剛剛結束，百姓生活很是艱難，而那些士大夫們只顧自己享樂，完全不管百姓死活，千方百計地搜刮民脂民膏，怨聲四起。如果敵人此時入侵，後果簡直不堪設想。相國見此，不僅把自己的家財拿出來救濟百姓，跟平民一樣過著節儉的生活，而且傾盡自己的全力安撫前來逃難的平民，將青壯年編入軍隊，積極訓練，預防外敵入侵。他這樣做，完全是為了國家著想啊。主公，你仔細想想，如果相國想要當王，還要等到現在嗎？當初退敵復國，先王已歿，而您又不在臨淄，當時眾人一致要推舉他作為國君，只要他點頭，齊國不就是他的了，可是他還是說服了眾人，把主公從莒城迎回來當國君。從這點上看，相國會有篡位之心嗎？」齊襄王聽到這裡，才茅塞頓開，感歎自己差點就聽信讒言陷害忠良了。

後來，齊襄王就以誣陷罪懲罰了那些進獻讒言的貴族大夫，封賞了田單，並把全國的兵權全部交給了田單。此後，田單更加傾盡自己所能輔佐齊襄王，齊國日漸強盛。

田單跟襄王的矛盾有所緩和後，田單準備攻打狄族，魯仲連就

說：「將軍您現在去攻狄，恐怕是攻不下來的。」田單不以為然，說：「當年我以即墨的殘兵敗將能夠擊破兵強馬壯的燕軍，光復齊國淪亡土地，現在又怎麼會攻不下狄族呢？」

於是，田單率軍進攻狄族，可是三個月也沒能攻下來，田單開始害怕了，忙向魯仲連請教自己久攻不下的原因。魯仲連說：「將軍在即墨的時候，能夠與將士們同生死共患難，全軍將士無不抱著必死的信念跟著您奮戰，所以才能打敗燕軍。現在將軍您生活優越，已無戰死之心，所以無法取勝啊！」田單聽了猶如當頭棒喝。第二天，他振奮精神，親自督戰，站在箭雨之中，與將士共進退，狄才被攻下。

田單破燕復齊後十四年，齊襄王去世，齊王建繼位，但是實權卻落到了君王后的手中。於是，田單不顧趙奢的反對，離開齊國去趙國，並統率趙軍攻克燕及韓的城邑。田單從收復失地迎接齊襄王回臨淄，到他離開齊國去往趙國的十四年間，先是與襄王發生矛盾，接著是優裕的生活磨滅了他的政治意志，看不到他任何振興齊國的政治措施，而他最後在各國間也未發揮什麼重要的作用。

《戰國策·趙二》說：「田單將齊之良，以兵橫行於中十四年，終身不敢設兵以攻秦折韓也，而馳於封內。」齊國雖然最後復國，但是戰爭帶來的損耗卻始終沒有得到恢復，而燕齊之間的戰爭也整體上削弱了整個東方國家對抗秦國的力量，為最後秦統一全國埋下了伏筆。

張儀──靠舌頭闖天下的人

張儀本是魏國貴族後裔，曾經與蘇秦一起拜入鬼谷子門下，研習合縱、連橫之術。張儀師成之後，便開始周遊列國，遊說諸侯。一天，楚國令尹國相昭陽家中正在舉行宴會，觥籌交錯，好生熱鬧。席間，令尹昭陽突然發現自己的玉佩丟了，滿座譁然。漸漸的，所有人的目光都集中到了張儀身上，作為一個剛出道的新人，而且能說會道，疑點最多。

於是，昭陽不問青紅皂白，命人把張儀捆綁起來，嚴刑逼供。張儀沒有偷東西，雖然被打得皮開肉綻也不承認。昭陽見狀，將他趕了出去，並沒有怎麼為難他。張儀剛出山就遇到了如此待遇，心中好不鬱悶。他滿身是傷，跌跌撞撞地回到了家，讓妻子給他擦拭傷口。

一想到同門師兄蘇秦如今已在趙國當上了相國，而自己現在卻仍然一貧如洗，呆在家中，心中湧起了一股說不上來的酸甜苦辣。突然，他張開嘴巴問妻子：「你看我的舌頭還在嗎？」妻子不解其意，笑著說：「當然了，你的舌頭還在。」張儀欣慰地說道：「只要舌頭還在，這就足夠了。」之後，張儀就憑藉他的這張利口，巧施縱橫之術，輔助秦國統一了天下。

當時，蘇秦正缺一個能派往秦國為他工作的人選，就想到了這位同窗兄弟。而這時，張儀正抑鬱不得志，當然非常希望得夠到同窗的提攜，以便日後能夠實現自己的心中夙願，便決定去投奔蘇秦。

張儀滿懷希望地來到趙國，可是卻沒有人給他通報。一直等了有近半個月都沒有見到蘇秦，張儀心中一肚子氣，想要離去。可是店主卻說：「您不是說相國會派人來請你嗎？如果你走了，我上哪去找你啊，我也不敢讓你走啊。」

　　張儀陷入進退兩難的境地，心裡很是煩躁。又熬過了幾日，總算盼來了蘇秦的接見。儘管料到了蘇秦不會對自己熱情款待，但實際情況竟然比他的預料還要糟糕很多。蘇秦傲慢並粗茶淡飯地招待了張儀，而他自己面前卻是一桌山珍海味。張儀心中好不痛快，但是肚子餓得難受，只好勉強坐下來吃飯。沒吃幾口，就聽蘇秦怪聲怪氣地說：「你才能比我強，現在怎麼混到了這步田地，我要是把你推薦給趙國，也不是什麼難事，但是，我怕你這樣給我丟人啊。」

　　張儀聽罷，再也坐不住了，直氣得七竅生煙，說道：「蘇秦！同窗多年，我以為你沒有忘記我才來看你，沒想到你卻變成了這樣，一點情誼都沒有，根本就不把我放在眼裡。你太勢力了，今天，你就當我沒有來過！」

　　張儀本以為能夠得到機會一展抱負，沒想到卻受了一番羞辱，怒火中燒，拂袖離去。張儀決定棄趙而去，如今除秦國之外的六國相印都在蘇秦手中，自己去了肯定撈不到什麼好果子吃，只能去秦國了。於是，他毅然改道，西行入秦，卻不知自己正是按照蘇秦為他設計的道路在走。至於後來張儀的成功，蘇秦的失敗，也只是兩種不同行為方式的結果，和兩人的才能高下是沒有關係的。

　　張儀走後，蘇秦叫來他的舍人，吩咐他說：「張儀是天下賢能的人，我自愧不如。我有幸先功成，可是只有張儀才能夠得到秦國的權柄。他之前貧困，如果給他利祿，我怕他樂小利而不上進，所以才用激將法來激他。你在暗中好好地侍奉他。」蘇秦請求趙王拿出金幣車馬，派舍人暗中幫助張儀，但不要告訴他。

　　後來，張儀終於見到了秦惠王，就用連橫破合縱的計策來遊說秦王，惠王見張儀能言善辯，足智多謀，就立刻起用了張儀，拜為客卿一同謀劃軍國大事。蘇秦派的舍人使命完成，打算回去覆命，便向張儀辭行。張儀說：「我今天的成就是在您的幫助下得到的，我正要報

答先生，怎麼忽然要走呢？」舍人說：「你真正要感謝的人是蘇相國。」然後把蘇秦意圖一一轉告。這時，張儀對蘇秦的怨恨已經完全被感激所代替，就說：「我剛來秦國，怎麼可能攻打趙國，代我謝謝蘇君。他用事時，我絕不貿然建言。況且蘇君活著，我怎麼能夠攻打趙國啊。」

　　至此，張儀開始了自己拆散合縱、推行連橫的進程！張儀連橫之術最主要的目的就是拆散齊楚聯盟，孤立可以與秦國相抗衡的這兩個國家。為了更好地完成自己的使命，張儀去魏國當了相國。

　　張儀巧舌如簧，經常時不時給魏哀王灌輸歸附秦國的思想，久了，魏王便覺得張儀的分析很有道理，便背棄合縱盟約，與秦結好。張儀完成第一步後，回到秦國，仍然做了秦國的相國。三年後，魏背叛秦國而重新加入合縱。秦王大怒，出兵攻魏，奪取了魏的曲沃城。次年，魏重又歸附秦國。

　　張儀成功地將魏國拉出了蘇秦的合縱，拉進了他的連橫。他的下一個目標就是他的死對頭——楚國了。

　　當時的楚國，雖然地廣兵多，但其實只是一個空架子，而且政治極其腐朽。張儀一來到楚國，就花重金買通了靳尚，靳尚拿人錢財，自然樂於幫他舉薦。楚懷王聽說張儀來楚國，盛情款待了他並親自接見。懷王問張儀說：您大駕我們楚國有什麼事嗎？張儀對懷王說：「大王您要是願意與齊國絕交，我願意獻上六百里的疆土給楚國。如果您願意與秦國接好，秦王願意將他自己的女兒許配給您當夫人，秦、楚結為兄弟國家，您看怎麼樣啊？」

　　昏庸貪婪的楚懷王一聽此言，頓時眉開眼笑，當即就答應了張儀。楚國的庸碌大臣，紛紛拍楚王的馬屁，說楚王英明，只有陳軫滿臉的憂心忡忡。他覲見楚王，讓楚王三思，並提出了詐降等得到土地之後再決定的想法。被「禮物」衝昏頭腦的楚懷王怎麼能夠聽進去，

便說：「你就等著本王不費一兵一卒得到這六百里土地吧。」陳軫無奈，只能哀歎。

楚懷王唯恐張儀夜長夢多，丟了這個機會，就給了張儀豐厚的饋贈，並把楚國的相印授給了這位不速之客。他還宣佈與齊國廢除盟約，斷絕往來。然後，派將軍逢丑父隨張儀到秦國，討取土地。

張儀到達秦國後，假裝從車上摔下，摔得很嚴重的樣子，並在家裡躺了三個月沒有上朝。楚懷王聽說以後，以為嫌他與齊國斷交不夠徹底堅決，就派勇士前往宋國，借助宋國的符節進入齊境，大罵齊王。齊王暴怒決定報復楚國。不過，齊宣王非常清楚自己的實力還不足以與楚國抗衡，就率先與秦國交好，相約一同進攻楚國。當秦與齊恢復邦交後，張儀感到時機已經成熟，便對逢丑父說：「我有六里封地，你可以佔領它回去覆命了。」使臣知道上當，立馬報告楚懷王，懷王大怒，出兵討秦。結果遭到秦齊聯軍的攻打，大敗而回。

令秦王憂心忡忡的齊楚聯盟，只憑張儀一人出使楚國一趟，就使得齊楚聯盟土崩瓦解，互相殘殺。秦國還獲得了楚國大量的土地，更加強盛起來。

張儀離開楚國後，又順道去了韓國，遊說韓襄王。他深知各國要害，而韓襄王又懼怕實力強大的秦國，只得俯首聽命。隨後，秦王又派他前去燕、趙、齊等國遊說。這樣，張儀就憑藉著他能言善辯，巧舌如簧的口舌，遊說東方諸國，使他們互相猜忌，而又都與秦國友好，這樣一來，就達到了操縱六國的目的。至此，張儀的連橫策略已經取得了卓越的成效。

當張儀遊說東方諸國大功告成，欣然返秦的時候，萬分寵信他的秦惠王已經去世，其子武王即位。他與武王向來有間隙，武王在做太子的時候就因為自己在惠王面前備受恩寵而懷恨在心，如今武王當政，自己的好日子恐怕不多了。果然，張儀一回到秦都咸陽，便立即

遭到了同僚們的讒言進諫。而各國諸侯也因他們不和，感覺前途暗淡，紛紛改行合縱外交。

張儀這時的處境可謂是危機四伏，他覺得自己再待下去必然會遭致殺身之禍。左思右想，便對秦武王說：「為秦考慮，如果東方紛爭四起，大王才能夠獲得更多的土地，我聽說齊王最恨我了，我如果前往魏國，齊國一定會大舉進攻魏國，您就可以趁機攻打韓國，完成大業了。」

秦王信以為真，非常高興，欣然同意，並且出動了三十輛兵車送張儀去魏國。張儀到了魏國，齊國果然出兵攻打魏國。魏襄王非常害怕，張儀卻十分淡定地對魏王說自己能夠使齊國罷兵。魏王半信半疑。張儀派舍人馮喜到齊國說服齊王。馮喜輾轉來到齊國，對齊王說：「天下人都知道，大王恨張儀入骨，但是卻因為張儀在魏國就攻打魏國，這其實是個計謀」齊王不明白就問原因。馮喜便把張儀與秦王的計策告訴了齊王，齊王心裡不禁歎道：「好個張儀，我又險些中了你的道兒！」於是，撤兵離開了魏國。魏王聽說齊王自行撤兵，當然喜色溢於言表，對張儀是越來越寵信了，任命他為國相。然而，僅過了一年，張儀便死於魏國。至此，一代縱橫家張儀的歷史就此終結。

張儀基於商鞅變法，「外連衡而鬥諸侯」，運用自己雄辯的口才和詭異多變的謀略，縱橫捭闔，立下了許多功績，成為秦國在政治、軍事和外交上舉足輕重的人物。他在危機四伏的險惡環境中，憑藉他的外交手段和採用連橫策略就使得秦國的國威大漲，起到了巨大的威懾作用。

孟子的弟子景春就稱讚他說：「公孫衍、張儀，豈不誠大丈夫哉！一怒而諸侯懼，安居而天下熄。」由此，我們也能夠看出張儀在那個時代造成的深遠影響。張儀死後，六國雖然又重新回歸合縱，但

合縱卻已經沒辦法持久和鞏固了。而張儀所創之連橫，成為以後秦國統一天下的基本戰略。蘇秦和張儀可以說都是戰國時期傑出的縱橫家，或者是說他們開創了一個縱橫時代。

　　無論是連橫還是合縱，其實都是一家的產物而已。蘇秦當年也是首先開始遊說秦國沒有成功才遊說六國的，但是又無力控制秦國的政局，所以才使用激將法讓張儀相秦。從此，兄弟兩人以列國為棋盤，下了亘古未有的一盤大棋。兩人雖然效力的國家不同，但卻有相同的目標:獲得成功，獲得錦衣玉食。至於諸國的勝負，是舉干戈還是化玉帛，安居樂業還是流離失所，都似乎與他們無關了。這些並不高尚的情操在那個動亂的年代，居然造就出了兩位了不起的外交家和縱橫家。

蘇秦——一怒而諸侯懼的縱橫家

　　春秋戰國時期，諸侯國紛紛崛起，相互爭奪霸主的地位，中國大地呈現出一片混亂的局面。雖然常年戰爭不斷，但是人才與思想的傳播和交流卻是十分廣泛，這就使春秋戰國時期成為中國五千年歷史上最為精彩的一段。蘇秦憑藉自己的舌辯之才相勸六國，成為戰國時期諸多縱橫家中最為出色的一位，而六國在蘇秦的大力建議之下，完成了統一的抗秦聯盟，而作為說客的蘇秦一時間成為了六國宰相。

　　蘇秦出身貧寒，但是胸有大志。年輕的他跟隨鬼谷子在外遊學多年，機緣巧合遇到了同窗龐涓、孫臏，於是三人決定一起求取功名，便從此告別了鬼谷子，回到自己的故里。

　　蘇秦自小聰明伶俐，邏輯性非常強，喜歡和別人爭辯，所以從小就想著當一名縱橫家，遊說各國。但是當蘇秦的家人聽說蘇秦要遠行時，卻極力反對。

　　蘇秦受到家人的影響，在迫不得已的情況下，只好放棄遠行的計劃，厚著臉皮來拜見周顯王，向周顯王說明自己曾經學習過一些治國強兵的本事，希望大王可以收留自己，日後定當為朝廷效犬馬之勞。蘇秦一開始便認為秦國是戰國時期各個諸侯國中最為強大的一個國家，一定可以實現自己多年的抱負，所以首先選擇了秦國作為自己的第一個試點。

　　在見到秦惠王之後，他向秦惠王表明了來意。之後，蘇秦便展開了一段精彩絕倫的演講。蘇秦認為，秦國位於地勢險要之地，易守難攻，再加上物產豐厚，是中國大地上獨一無二的強國，接著，他連連稱讚秦惠王的治國賢能，而且軍事力量強大，尤其注重軍事訓練，憑這一點就完全具備吞併六國、一統天下的實力。

之前，由於商鞅變法，轟動朝野，乃至全國，舉國上下都將商鞅放在第一位，對於秦惠王則是冷眼旁觀，沒有看出他有多大的才幹。秦國在軍事方面實力雄厚，但百姓深受其害，只是敢怒不敢言，秦惠王的暴政早已讓他失去民心，而且暴政就是秦朝即將要滅亡的預兆。大多數真正實力雄厚的國家，不僅要法制嚴明更要君主以德治國，憑藉仁義二字讓天下百姓甘心歸順。在商鞅變法之後，秦國的國力確實在不斷的增強，但人心不穩。秦惠王深深知道這一點，所以極力給予推脫。在秦惠王看來，具備了這些條件還是遠遠不夠的，因此絕對不可以貿然行事。

蘇秦在遊說秦王的過程中，多次碰壁。經過數年的折騰，已經到了一窮二白的地步。在不得已的情況下，蘇秦只好賣掉馬車，返回家鄉。「敗家子」回到家之後，遭到母親和哥嫂的嚴厲斥責，蘇秦懊悔萬分。後來，他開始發奮讀書，「錐刺股」典故就此誕生了。

西元前三三四年，蘇秦又一次告別父母妻嫂，周遊在除秦之外的其它六國之間，力勸六國聯盟出兵對抗秦國，這樣合縱計劃新鮮出爐了。為了可以更加有效地實施合縱計劃，在這個時候，蘇秦將張儀「誘騙」到了秦國，讓張儀成為秦國的謀士，其前提是在蘇秦有生之年，張儀可以讓秦出兵攻打東方六國。就這樣，天下在兩個白面書生的共同操控之下安安穩穩度過了數十年的光陰。

辭別家人的蘇秦第一站就來到了國力相對弱小的燕國。在拜見燕文侯的時候，蘇秦將自己的來意表明，接著便將燕國和其它的國家聯盟的必要性娓娓道來：燕國之所以沒能受到秦的侵略，主要是由於燕國的西面有趙國擋住秦國。但若是趙國前來攻打燕國，清早發兵，下午就可以到達。這就是大王您的不對了，您不與自己的鄰居趙國交好，反而將土地轉送給遙遠的秦國，這種做法是不對的。主公可以採用我的計策，先與趙國立下盟約。他出色的口才打動了燕文侯的心，

之後，燕文侯即刻請他與趙國聯絡。

　　蘇秦快馬加鞭趕到趙國後，用燕國使臣的身份拜見趙肅侯。蘇秦開始遊說趙肅侯說：「現在秦國最為關注的便是趙國。秦國之所以久久未敢發兵入侵，主要是因為趙國的西南邊有韓國與魏國兩個抵擋秦國，若是日後韓國與魏國均投降秦國的話，趙國就自身難保了。若是東方六國可以聯盟共同抗擊秦國，那時候，您還有什麼可以擔心的呢？為什麼你們都要將自己的土地拿去奉承給秦國呢？若是您可以作為表率會盟各諸侯，互相訂立盟約，結為兄弟，以後不管秦國進犯哪一個國家，其它五國便聯合起來一同抵抗秦國。這樣一來，秦國還敢如此放肆嗎？」所以，蘇秦請趙肅侯作為表率，東方六國聯合起來抗秦。

　　趙肅侯聽了極為贊同，於是拜蘇秦為趙國的相國，請他去各國與諸侯王簽訂合縱盟約。蘇秦便又以趙國使臣的身份，去其它各國進行遊說，給各個諸侯王曉以利害，而且成功地取得了各位君主的一致贊同。魏、韓、燕、趙、楚、齊六個國家對於蘇秦的這個新理論持絕對贊同的態度，紛紛參加了這個「抗秦聯合組織」，蘇秦便順其自然地成為了此組織的最高領導人，後來，六國公開宣佈，要請蘇秦擔任六國國相。回到趙國後，蘇秦被趙王冊封為武安君，授予相印，此外，還大行封賞，賜蘇秦百乘革車，錦繡千匹，黃金萬鎰，白璧百雙。請他聯繫其它五國共同抵抗暴秦。到此，蘇秦稱得上是「不鳴則已，一鳴驚人」。

　　所以，在蘇秦作為趙國的宰相時，秦國斷不敢貿然出兵，進攻函谷關。以當時的那種情況，天下百姓、將相諸侯以及謀臣大將均聽從蘇秦的安排。蘇秦根本就不用一斗軍糧，不用一個兵卒，更不用說派大將迎戰，在不損失一兵一箭的前提下，就可以使得天下間各個諸侯國和睦相待。

　　蘇秦巧妙的合縱聯盟計劃再加上萬鎰黃金，一時間，趙國受到各個諸侯國的敬仰和尊重，接連與函谷關外的秦國斷絕了來往。蘇秦也從此由一個窮書生，一時之間成為了有專車、有頭銜、威行天下、神氣十足的辯士，一時間，天下竟無人能夠和他相抗衡。

　　秦國在得知六國將要合縱抗秦的時候感覺非常吃驚。於是，秦惠文王立即接受了大臣們的提議，採取軟硬兼施的計謀離間六國之間的感情，以此來拆散六國合縱。首先，秦國派使者前去離自己最近的魏國，將之前從魏國手裡奪過來的幾座城池原物奉還，之後又派使臣千里迢迢來到燕國，將自己心愛的女兒下嫁於燕國太子。在秦國的努力之下，魏國與燕國與秦國的關係變得融洽起來。趙侯得知此事之後，嚴厲地斥責蘇秦說：「為什麼會出現這種情況。」蘇秦慌了神，於是立即出發，希望可以憑藉自己的力量平息這場同盟「內亂」。

　　蘇秦為了求取功名而將自己置身於政治爭鬥中，他採取六國合縱的計劃，以此抵抗秦國的統一，因為違背了事情的發展規律而以失敗告終。

　　蘇秦的一生可以說是奮鬥的一生。對於一個出身貧寒的學子來說，在不具備任何家族背景，沒有家人的幫助之下，能夠以「頭懸樑，錐刺骨」的堅強意志，躋身進入諸侯的尊貴廟堂，這在一向將貴族政治看得很重的戰國時代是極其難得的，蘇秦可以做到捨生取義，堪稱是貧寒學子的楷模，這實在不是一般人可以做到的。

藺相如——戰國時期著名的外交家

在惠文王統治時期，藺相如還只是繆賢的舍人，由於足智多謀而被繆賢尊為自己的上客。武靈王死後不久，秦國便開始不斷地侵犯趙國邊境，擾的趙國百姓不得安寧，在秦國一次次的挑釁之後，竟然希望在談判桌上先給趙國一個下馬威。國難當頭，作為國家的臣子，怎能袖手旁觀。於是，繆賢把藺相如舉薦給趙何，在趙何的一再請求之下，藺相如兩次奔赴秦國，均不負使命，藺相如以他的大智大勇，接連重挫暴秦，給趙國挽回了顏面，捍衛了趙國的尊嚴，讓秦國不敢貿然出兵進攻趙國。

在趙惠文王統治初期，一次偶然的機會得到了一塊價格不菲的和氏璧。秦昭王聽說此事之後，便提出要用十五座城換取和氏璧。對於這樣一塊小小的玉璧，秦昭王居然可以用十五座城池作為交換，可以稱得上是價值連城。

在趙惠文王收到秦昭王索璧的書信之後，立即召集廉頗等眾位大臣前來商議對策。諸位大臣皆認為，應該將璧交予秦國，但是又擔心秦國不會將自己的十五座城乖乖送上，到最後賠了夫人又折兵，得不償失。可是要是不給的話，又害怕秦國以此作為進攻趙國的藉口。秦昭王如此慷慨的肯用十五座城池來換取玉璧，一定另有陰謀，包藏禍心。但是一時之間諸位大臣又想不到一個萬全之策可以對抗強大、狡詐的秦國，甚至找不到一個可以回報秦國的最好人選。

這時，繆賢面見趙王說：「臣的舍人藺相如就可以出使秦國，他有勇有謀，一定不會辜負大王的囑託。」從此，歷史的舞臺上便出現了藺相如的身影。

藺相如在見到趙惠文王之後，趙惠文王對他說的第一句話就是：「秦王書信上說要用十五座城池換取和氏璧，你覺得可以答應嗎？」

藺相如思考了片刻說道：「秦國的實力雄厚，而趙國的實力弱小，我覺得您沒有不答應的權利！」繼而趙王又問藺相如說：「若是秦國得到了寶璧，卻不給我城池，又該怎麼辦呢？」藺相如不假思索地說：「現在秦國想要用十五座城池和您來交換楚和氏璧，若是趙國拒絕，那麼這件事就是趙國的錯，現在事情反過來想，如果秦國得到璧玉之後，卻拒絕將城池歸還趙國，那麼錯就在秦國那一方了。所以，我的意思是，先派人把璧玉完好無損地送到秦國去才是上上策。」

趙王又問：「你覺得讓誰出使秦國比較合適呢？」藺相如說道：「若是大王一時之間找不到合適的人選，微臣願意前往。如果秦國可以信守約定將城給趙國，那我就把璧玉恭恭敬敬獻給秦國；假如秦國不能遵守自己的諾言，拒絕把城給趙國的話，我定不辱使命，負責將和氏璧完好無損帶回趙國。」於是，趙惠文王任命藺相如為趙國使者，帶了和氏璧不遠千里奔赴秦國。

藺相如到了秦國之後，秦昭襄王一聽是趙國使臣帶著和氏璧來了，得意揚揚地端坐在章臺之上「迎接」藺相如的到來。藺相如將和氏璧雙手獻與秦王。秦王一看龍顏大悅，將和氏璧傳交到美人的手上，之後，左右大臣也紛紛傳看。秦王將如此重寶給美人和近侍把玩，顯然沒有把趙國的重寶看在眼裡，最起碼只是一件隨便的把玩的玩物而已，態度極為不鄭重。在秦王的眼裡，若是和氏璧真的可以抵得上十五座城的話，秦王又怎會如此的不嚴肅。藺相如深知秦王根本就無償付趙國城池的念頭，便上前一步對秦王說道：「大王，雖然這塊璧玉是稀世珍寶，但是美中仍有不足之處，在玉璧上存在一些小瑕疵，讓我來指給大王您瞧瞧！」

秦王一聽：「玉璧上存在瑕疵？趕緊指給我看看！」藺相如從秦王的手裡將璧玉恭恭敬敬地接過來，便立刻往後退幾步，背對著大柱子，瞪著眼睛對秦王大喝道：「這塊璧玉怎麼會存在瑕疵呢？而是我覺得大王在得到寶玉之後，根本就不會將十五座城池償還趙國，所以我才說了個謊話。若是大王非要逼我交出璧玉，我就與這和氏璧同歸於盡。」

藺相如說著，手持玉璧斜著眼一個勁地打量著柱子，裝出想要撞擊的架勢。秦王害怕寶璧碰碎，便婉言道歉，請他千萬不要，還找來官員共同查看地圖，指出將給趙國的十五座城池。機敏的藺相如怎會相信秦王的騙術，城是一定得不到的。於是，他便對秦王說道：「和氏璧本就是被天下人公認的寶物。趙王因為懼怕強大的秦國，所以不得已才獻給大王。趙王送璧的時候，曾齋戒五天。所以現在您也要齋戒五天的時間，舉辦隆重的儀式，我才會將玉璧獻給您。」秦王一心為了得到璧玉，沒有辦法只能按照藺相如說的去做。藺相如知道秦王雖答應齋戒五天，但是最後一定還是會食言，不肯償付城池。於是，他命自己的手下喬裝打扮，懷揣玉璧，抄小路秘密返回趙國。

秦王在五天的齋戒完成後，果真在朝廷之上舉行了隆重儀式。於是，秦王下令帶藺相如前來獻璧。藺相如見到秦王之後，義正詞嚴地對秦王說道：「一直以來，在秦國的眾多君主中只有極少數的君王會遵守信約，因此我擔心上當受騙，所以已經連夜派人將和氏璧送回趙國去了！若是大王真的想要拿城池換取楚和氏璧，就先割讓十五座城池給予趙國，到時趙王一定會遵守諾言原物奉上。現在，不管大王如何處置我都可以，我不會有一句怨言！」聽了藺相如的一番話，秦王與大臣面面相覷，秦王想了一下，說道：「若是現在將藺相如殺死了，最終也不會得到玉璧，這樣反而會損害了秦、趙兩國之間的友誼。倒不如好好地招待他，日後讓他回到趙國。趙王絕對不會因為一

塊玉璧就欺騙秦國的。」雖然秦昭王的心裡極為不爽，但是也為藺相如的英勇所折服，不僅沒有殺了他，甚至以禮相待，護送他回到了趙國。

藺相如返回趙國之後，趙王覺得他完全具備了大夫的魄力，出使秦國可以不辱國命，立下大功，於是，下令晉升藺相如為上大夫。最終，秦國沒有將城償付趙國，所以趙國也沒有將和氏璧交予秦國。

於是，兩國相安無事好多年。在西元前二七九年，秦昭王想要同趙國握手言和，藉此來集中自己的力量抗擊楚國的攻擊，秦王派使臣來到趙國，邀請趙王到西河澠池赴宴，互修友好。在接到消息之後，趙惠文王欣然應允了，便前往澠池與秦王相會。

宴席之上，當秦王喝酒喝得盡興的時候，便對趙王說道：「據我所知，您非常喜歡彈瑟，那麼現在可否彈一曲助興呢。」秦王實際上是在侮辱趙王。但是趙王畏懼秦王，所以不敢推辭，便只好彈了一曲。誰知這時候，秦國御史在竹簡上寫道：某年某月某日，秦王與趙王澠池相會，秦王讓趙王為自己彈瑟助興。這便成為了秦王炫耀的資本了。藺相如見狀非常不悅，上前一步對秦王說道：「趙王聽說秦王對於缶情有獨鍾，今天正好這裡有缶，那就請您擊缶為大家助興吧。」秦王大怒，怎麼也不肯答應。見狀藺相如便舉起缶向秦王走過來，恭恭敬敬地獻給秦王，秦王仍舊是不肯。藺相如便說：「若是在這五步之內，我定會將脖頸中的血濺於大王的身上了！」秦王見勢不妙，只能答應了。

藺相如便將侍從叫來，在竹簡上寫道：「某年某月某日，秦王曾為趙王敲擊瓦罐一次。」秦國的大臣各個器宇軒昂，不甘示弱，但是直至酒宴結束，秦國也沒能壓倒趙國。早在趙王赴會之前，就已經命令廉頗率領大軍在外守護，所以秦國也不敢輕舉妄動。

藺相如為了捍衛趙國的尊嚴，同秦國的君臣針鋒相對，在必要時

挺身而出，進行了頑強的抗爭，一次又一次摧毀了秦國的圖謀。之後，秦、趙兩國之間有了短暫的休戰期。

呂不韋——曾掌握秦國命脈的人

　　呂不韋是商人出身的政治家，這在中國古代歷史上是很少有的。他組織編寫的《呂氏春秋》對後世有著非常大的影響。他是怎麼登上政治舞臺的呢？他在政治方面有什麼作為？他又是怎樣在風雲變幻的政治鬥爭中失敗的呢？

　　戰國時期是一個群雄並起的時代，出現了很多具有傳奇色彩的故事。有禮賢下士大肆招納食客的四公子，有為了忠肝義膽犧牲性命的刺客，也有巧舌如簧的說客。呂不韋就在此時橫空出世，在歷史長河中為自己寫下了光輝璀璨的一筆。

　　戰國時期，伴隨著農業、手工業的發展，私營買賣也日益興盛，商人在那個時期很活躍。有的擔任著很不錯的官職的人也都棄官從商了。這些商人中不缺乏有政治頭腦的人，有些商人甚至以用兵之道來經營商鋪，呂不韋卻是與眾不同，他是用經商之道來謀取政權。

　　安國君有二十多個兒子，但是他非常寵愛的華陽夫人卻沒有生下兒子。安國君的一位姬妾叫夏姬，秦王不喜歡她，她的兒子子楚也同樣得不到安國君的重視，於是，就被派到趙國當了人質。

　　由於秦國多次攻打趙國，子楚在趙國過的不是很好，生活起居都很簡陋。這時候，呂不韋在趙都邯鄲做買賣，看見子楚生活很窘迫，很不得意，就有些可憐他，心想：好歹也是秦王的孫子，怎麼落魄成這樣，說不定以後就發達了呢！但是他對政治風險和收益不是特別有把握，於是就去問自己的父親「種田的利益有多少？」父親回答說：「十倍。」呂不韋又接著問：「做珠寶玉器的利益有多少？」父親回答說：「百倍。」呂不韋再接著問：「如果幫助一個人當上王，掌控天下，利益有多少？」父親笑著說：「如果立王能夠成功的話，其中

的利益千萬倍，沒有辦法計算的。」

　　呂不韋當然知道半道出家去從政需要投資更多，而且很有可能血本無歸，但是聽完了父親的話之後，呂不韋認為子楚是「可造之材」，一定要幫助他奪得秦國繼承人的位置。

　　其實，在呂不韋眼裡，從政和經商是一樣的，都是為了利益，只不過是利益大小不同而已。據當時的情況來看，秦國在西陲，無論是政治、經濟和文化，很多方面都落後於中原其它的六國，但是秦孝公為了振興西秦，大力推行改革，用「商鞅變法」，使國力逐漸變得強盛，兵強馬壯。秦國強大以後，開始慢慢地向東擴展勢力，擊敗了六國聯合起來的戰略部署，漸漸地逐步成為七國中的頭等強國，有了統一六國的趨勢。以此，呂不韋認定秦國一定會在其它國家之中成為王。同時還認為，子楚也一定能成為秦國的新君。

　　當時，子楚為什麼要做趙國的人質呢？在當時六國之中，只有趙國和秦國能夠抗衡。當時趙國在名將廉頗的作戰指揮下，兩次擊敗了秦國的攻擊；宰相藺相如更是驍勇善戰也挫敗了秦王的外交攻擊勢力，逼迫秦昭襄王讓子楚做人質，用來保證秦國從此以後和趙國不再是敵人。

　　秦昭王將計就計，表面上與趙國和好，實際上，他用遠交近攻的戰略方針，吞併了鄰國，來擴大自己的勢力，從而實現強國的夢想，這樣，就可以把趙國孤立起來。但是這樣一來也就苦了子楚，作為人質的他，行動受到監視，身邊既沒有親人又沒有朋友，整天無所事事，抑鬱寡歡的。然而，這卻給了呂不韋結交子楚的一個好機會。他正是通過子楚這個落魄的王孫貴族當作他躋身政治的跳板。

　　為此，呂不韋開始實施第一步計劃。他去找子楚，問他想不想家鄉，想不想回秦國，子楚說：「我做夢都想著家的事，一來是我沒有辦法回去，二來是回去了又能有什麼可做的呢？」呂不韋說：「我想

辦法讓你回到秦國，而且還會讓安國君立你為世子。」子楚聽後非常感動，就說：「如果真的可行的話，將來我當秦國國君的時候就讓你當丞相」。

如果單純的只認為呂不韋是一時投機走上政治道路的，或者是為了謀取高官厚祿、贏取錢財的人，那也就未免太小看呂不韋了。當時呂不韋的家資，已經夠他花上一輩子的了，他大可不必做這筆很容易就惹來殺身之禍的「生意」。所以說，呂不韋的興趣肯定不是金錢，而是一個國家。這裡，呂不韋雖說與子楚已經達成了共識，但是，子楚是不是潛力股，換句話說到底能不能當上太子，還是個未知數，同時也不是很容易辦到的。因為呂不韋清楚，子楚不是長子，而且又長期不呆在秦國，當時的太子已經有二十多個兒子，要想讓子楚被太子器重並立為嗣，談何容易。

於是，呂不韋開始遊說秦國的決策層。呂不韋先用重金賄賂了安國君妻子的姐姐，見到了華陽夫人。呂不韋賄賂她的同時對她說：「子楚在趙國很想你們，他聰明懂事好學，而且朋友遍佈全天下，大家都誇他是個孝子。」華陽夫人聽了之後被感動了，就開始慫恿安國君讓子楚當世子。至此，呂不韋給子楚完美地包裝之後，讓一個窮途末路的公子搖身一變成了合法的繼承人。

呂不韋看到自己的遊說奏效後，初步完成了在秦國初期階段的任務。剩下的就是幫助子楚怎麼樣回秦國了。當時，呂不韋的小妾中，有一個漂亮又能歌善舞，而且已經懷孕了。一天，子楚和呂不韋喝酒時，與他的小妾一見鍾情，彼此心生愛慕。酒喝到了一半，子楚站起身來給呂不韋倒酒，想讓呂不韋把那個小妾賜給他。在古代，這倒不算失禮的事情。不過這小妾是呂不韋的寵妾，自然是很不捨。又想到子楚有今天的日子，完全是他的功勞。飲水不思源，居然還要奪人所愛，這口氣怎麼咽得下去，當時臉色就很難看，準備用師傅的身份，

教訓他一頓。就在要爆發的那一瞬間，突發的靈感，讓呂不韋來了個一百八十度的大轉彎。

他心裡自問：為什麼會把小妾給子楚？不就是因為他有利用的價值嗎？從他身上可以得到光宗耀祖的大富貴？況且現在寵妾有孕在身，若是把她給了子楚，如果生了兒子，他就是秦國第四代的王位繼承人，有個兒子當王，天下的富貴，不都在這了嗎？

西元前二五九年正月，這位小妾生了個兒子，給他取名為政，也就是後來的秦始皇。《史記》記載中說「小妾隱瞞了自己有身孕，到了必要時期，生了兒子政」。也就是說政是呂不韋的兒子。

那麼，秦始皇到底是誰的兒子呢？到現在還是一個千古之謎。有的記載說：西漢初年，呂后管理天下，為了成為漢朝實際上的統治者，好給自己的謀權篡位提供一個合法的理由，呂氏黨人就編出了這個故事。編這個故事其實有兩個目的：

第一個說秦始皇其實是呂不韋的兒子，呂氏才是真正秦朝的王室血統，在血統上和劉邦相互競爭。呂后稱自己是呂不韋的後人，而且秦始皇的父親又是呂不韋，所以自己有資格爭奪王位。這可比劉邦謊稱自己是虛幻的赤帝子後人的理由更要站得住腳。

第二個說呂氏才是真正秦王朝的正宗繼承者，並非是劉氏。既然秦始皇的父親是呂不韋，那麼秦朝也就自然而然的變成了呂氏的天下了，那麼呂氏家族重掌天下也就成了天經地義的事。

另一種記載表明，秦始皇的親生母親嫁給子楚以前，就已懷了呂不韋的兒子，這是精心設計的。另外還有記載說子楚的妻子生下兒子政，大期超過十二個月了，所以政不可能是呂不韋的兒子，之所以說秦始皇是呂不韋的私生子，是當時和後來仇恨秦始皇的人對他的攻擊和侮辱的片面說法，不足以成為證據。

俗話說得好：英雄不問出處。秦始皇也是一樣的，無論他是呂不

韋的兒子也好，是子楚光明正大的兒子也罷，他都是中國古代歷史上
第一個統一全國的封建帝國、秦王朝的創始人，給人類歷史做出了不
可磨滅的貢獻。

在嬴政出生之後，秦國趙國兩國的關係急劇惡化。秦昭王四十七
年六月，秦將白起在長平打敗趙軍，活埋了四十五萬人。在他出生的
那年十月，王屹代替白起當將領，攻打趙國的武安等城，趙國為了求
和只好割地。西元前二五七年，秦國猛攻趙國的都城邯鄲，趙孝成王
很生氣，要殺了秦國的人質子楚。子楚和呂不韋花了六百兩黃金賄賂
看守他們的官吏，逃回了秦國。趙國當時要殺死子楚的妻子和兒子，
子楚夫人仗著自己家中的強大實力，竟然逃過了此劫。

西元前二五一年，昭王去世，太子安國君被立為王，華陽夫人成
了王后，子楚成了太子，趙國也就把子楚夫人和兒子政送回了秦國。
但是安國君命短，登上寶座三天就去世了，子楚繼位，成為秦莊襄
王，繼位之後稱呼華陽後為華陽太后，生母夏姬成為夏太后。呂不韋
擔任相邦（宰相），封被封為「文信侯」，「食河南洛陽十萬戶」
──十萬戶農民所繳的賦稅，都歸他所有。自那以後，秦國的軍政大
權慢慢地被呂不韋掌握在手中。莊襄王非常聽他的話，華陽太后、夏
太后和莊襄王后，能有今時今日，也都是當初他擁立的功勞，所以呂
不韋在宮廷所受到的待遇是秦國前所未有的。

呂不韋算得上是中國歷史上的一位奇人，他比較善於進行大的策
劃，並且善於實施和完成這個策劃，而他自己就是其實施者。

呂不韋不僅計謀深遠，而且計謀很全面、廣泛，可以說，他把謀
劃分成四個步驟來進行：

第一步，他看到子楚時就覺得子楚「奇貨可居」，是一個能夠贏
得未來的潛力股。第二步，想要把這個「奇貨」推銷出去，並且把這
份投資轉成巨大的利潤，還需要做出很多艱苦的努力，於是，他設計

讓華陽夫人甘願為了自己的利益而為子楚奔走。第三步，為了更上一層樓，他在子楚身上可是下足了工夫，幫助子楚最終成為了太子。然而，子楚命短，即位三年之後就死了，年僅十三歲的太子政繼位，呂不韋再次擔任相邦一職位，被稱為「仲父」，幫助太子政打理朝政，穩定了秦國的政局。

在當時，魏國有信陵君，楚國有春申君，趙國有平原君，齊國有孟嘗君，都是能人賢士，喜歡結交賓客，他們門下的食客都是知識分子，「士」的身份是僮僕不能相比的。呂不韋是個極其好面子的人，決定要壓倒「四公子」的名聲。於是他廣泛地招納天下賢士，分給他們豐厚的賞賜，到最後有食客三千人。當時諸侯的門客中有很多能言善辯的人，比如，荀子等其書籍遍佈天下。呂不韋也請人著書立說，他的方法則是集體創作，不限制題材長短，自由發揮，等每個人都交了卷，再進行討論，然後修改，等定稿之後，編輯成書，題名《呂氏春秋》，算是他的著作了。為了大肆宣傳，他命令門客把《呂氏春秋》全文抄寫出來，貼在咸陽的城牆上，並且到處張貼布告說：誰能把《呂氏春秋》中的文字增一個字或減一個字，甚至改動一個字，賞賜黃金千兩。布告貼出去不久，上萬人爭先恐後地閱讀。但是卻沒有一人來動一個字，或許是人們害怕呂不韋的權勢，但是從另外一個角度來說，《呂氏春秋》也不失為一部傳世精品之作。

呂不韋編的這部《呂氏春秋》，雖然歸入了「雜家」，但實為周秦諸子中的傑作，它的學術價值至今不減當年。全書共分為「八覽、六論、十二紀」，每覽分八篇，每論分六篇，每紀分五篇，總共有一百六十篇，流傳至現在，只不過第一覽缺一篇，缺的是秦始皇燒書抵抗儒家思想，為什麼《呂氏春秋》沒有被燒掉，一直是個謎。有人說提議「焚書」的是李斯，原來是呂不韋的門客，為了感激懷念舊主，所以就唯獨留存此書。

　　《呂氏春秋》是戰國時期百家爭鳴時代最後的文化成就，當時那個時代作為文化史即將進入新階段的重要標誌，可以把它看成是一座文化發展的里程碑。儘管當時呂不韋在秦王朝建立時就已經退出歷史的舞臺了，但是《呂氏春秋》依然對秦國的政治有著一定的影響力。

　　西元前二四九至前二三七年，秦國的軍事政治大權一直握在呂不韋手中。在這十二年當中，呂不韋為了秦國統一全國大業，制定了一些政策，採取了一些非常有力的措施。

　　在政治方面：一是注意聘用老臣宿將，調整好內部關係，用來穩定國內的統治秩序；二是注意發掘人才、薦舉人才，讓這些有可用之處的人才在統一大業中發揮其應有的作用。呂不韋是一個很有見識的政治家，剛開始擔任宰相時，「委國事大臣」，並不是自己獨攬掌控大權。他注重起用昭王時的一些老臣宿將，比如王齕、蒙驁等，這些昭王時的名將，呂不韋都繼續給予他們重任，讓他們在戰爭中發揮很重要作用。

　　此外，呂不韋不拘一格地選拔可用的人才。他擔任丞相之後又招來賓客三千人，為的就是網羅大批的人才，組織一個有計劃有預謀的參謀部。司馬遷曾說過呂不韋「招納賓客遊士，就是為了併吞天下」這就是問題的實質。在呂不韋編寫的《呂氏春秋》中，就非常強調用賢士來治理國家、平天下的重要性。〈慎行論〉中說道：「自身定下來，國家才能平安，才能統治天下，必須要有賢能人士。古代得天下的人……他之所以能得到天下，他的做法也是一樣的。有了賢士，國不可能不安定，名無不榮；沒有了賢士，國家必然就有危機，名無不辱。」就是說明得到有能力的人才對得起天下的重要性。

　　呂不韋認為，起用了人才之後就得賞罰嚴明。賞罰不能因為是親戚好友就不分清楚，而是要考慮他實績，要做到因功授爵，賞罰必當。儘管實際上他不可能真正做到什麼事情都賞罰分明，但是提出這

些要求來，對治理國家、加強國力是有一定作用的。

在經濟方面，呂不韋主張大興農業和水利，來增強實力。呂不韋從地主階級的政治需要為出發點，單純地認為重視農業，才能使民風淳樸，百姓才能樂意去勞作，邊境才能安寧，君主才能受到百姓的尊重，這樣才能吞併天下。所以他強調國家必須勸老百姓務農。呂不韋還注重興修水利，在他第二次擔任丞相的時候，修建了著名的鄭國渠，明顯地改善了關中地區的灌溉問題，有效地提高了農作物產量。雖說地主階級更為大肆的剝削，但也帶來了「國富民強」的歷史成果。呂不韋採取了以上的一些措施之後，使秦國政局穩定，國力在增強，明顯地佔據了其它國家的優勢，為以後秦國的統一奠定了穩固的基礎。

西元前二三九年，嬴政二十一歲了，按照當時慣例，第二年就要開始親自執政了。嬴政不斷地長大，呂不韋還與太后私通。不過，他倒是一個知進退的人，有危險的時候就讓繆愛假扮宦官進入後宮，代替自己與太后私通。他倆生了兩個私生子，太后很是喜歡，甚至還冊封為長信侯，給他倆兩座封地。他和太后密謀：只要嬴政一死，就把私生子立為繼承人。但繆愛無勇無謀，後來他組織進行叛亂。最後失敗了，嬴政就把那兩個弟弟殺了，殺了繆愛三族。秦王想殺了相國，但是因為他輔佐先王有功，後來他的賓客為他到處遊說，最後秦王不忍治其罪。

呂不韋相國之職被罷免。秦王把太后從雍接回到咸陽，並且讓呂不韋回到自己的封地河南。

後來，呂不韋聲望越來越大，他和各國臣民都有交往。國內的老百姓既害怕呂不韋又尊重他。秦王怕他謀反，於是，賜信給他，說：「你對秦國有什麼功勞，秦國要讓你坐食十萬戶的賦稅？你們是什麼關係，居然號稱『仲父』？」後來命令呂不韋和他的家屬搬到蜀地居

住。雖沒有明白地說呂不韋的罪，但當時的四川是流放罪犯的地方。他知道事情已經沒辦法挽回，就喝毒酒自殺了。他死後，他的門客偷偷把他安葬了。贏政知道之後，就分別對他們進行了處罰。這場鬥爭以秦王政的勝利而告終。

或許你會認為呂不韋的人生潮起潮落的，有悲傷有喜悅。在戰亂年代，呂不韋能通過經商家財萬貫很不容易。但是，在動盪年代經商就是海市蜃樓，他利用重金走上權利的頂峰是明智的選擇。所以，從這點來看，呂不韋是個非常了不起的政治家。呂不韋犯下的錯誤在於知進不知退，因為屈從於太后的私欲，而忽視了遊戲的規則。

總的來看，呂不韋在歷史上的地位和功績是不可磨滅的。他曾經擔任兩次秦國相邦，為秦國日後的統一打下了一定的基礎。儘管他和秦始皇的政治見解有所不同，後來又發生了激烈的權勢衝突，但事實擺在那裡，秦國的統一和呂不韋的功績有著分不開的聯繫。雖然他邁上政治道路之後，難免會貪圖利益和權勢，但是他對秦的統一有著重要的貢獻，他主持編寫的《呂氏春秋》，對後人影響很深。

有一些史學家認為，如果秦始皇採用《呂氏春秋》當作他的治理國家的方針，秦朝沒準會長治久安的。西漢初年，統治者鑒於秦王朝速亡的教訓，不得不採用黃老之說的「清靜無為，與民休息」，使漢初的政局安定、經濟在慢慢恢復。這足以證明《呂氏春秋》的政治學說，在封建時期統一全國的理論中，是不可取代的。

魯仲連——淡泊名利的高人

魯仲連是戰國時期的齊國人，他一生淡泊名利，雖然才華很高，卻不願意入仕阿諛奉承君王，一心只想歸隱山林。

當時在齊國有一個叫田巴的辯士，自以為才高八斗，巧舌如簧，認為誰也說不過他。當時的魯仲連只有十二歲，實在是看不下去了，就打算與田巴辯論一番。魯仲連對他說道：「既然先生的辯術這麼厲害，那麼，現如今楚國在南陽駐軍，蓄勢待發，趙國率兵攻打高唐，而燕軍的十萬大軍將聊城團團圍住。齊國現在都已經危在旦夕了，你有什麼好的計謀來讓齊國擺脫危機呢？你要是實在想不出辦法，就不要在這裡滔滔不絕地講一些廢話，要是你離開稷下學宮，就會惹得人人都討厭你的，所以請先生還是不要再說了。」魯仲連說得比較委婉，但是田巴卻感覺無地自容，有一些下不來臺了，「你說的蠻有道理，以後我不會自以為是的再說了！」魯仲連的幾句話就讓這位有名的辯士從此以後閉上了嘴巴，可見他少年時就展露出了過人的才學和智慧。

秦國將領白起在長平之戰後坑殺了俘獲的趙軍四十餘萬人，之後秦王又緊接著派人繼續發兵，準備攻打趙國的都城邯鄲，平原君一看形勢對趙國不利，趙國馬上就要危在旦夕了。於是，就向魏國求救，希望魏國可以出兵幫助自己。魏王開始時欣然答應要派出軍隊去救趙國，但是後來知道秦國來者不善，就立馬改了主意，只派新垣衍一人去趙國，這當然也就是做做樣子而已，根本就沒有了誠意。新垣衍到了趙國見到趙王后就說道：「秦國現在派兵準備攻打邯鄲，是因為齊國與趙國曾經聯合起來一起對付它，齊國當時實力雄厚，曾經逼迫秦國取消了帝號，但是現如今齊國已經逐漸走向衰落，早就已經敵不過

秦國，當今也只有秦才能夠稱霸天下。依我看來，秦國這一次出兵並不是想要滅掉貴國，只要你們能答應秦王稱帝，秦國大概就會撤兵了！」

當然，這也僅僅是魏王自己想出的主意而已，他為了不派兵幫助齊國，當然就以這個作為藉口了。其實，秦國的目標哪裡只是為一個純粹的帝號，它想通過戰爭來消滅敵對力量，以求得自身迅速的發展。平原君和趙王聽了這話還真有些相信了，猶豫到底要不要這樣做呢？

此時魯仲連周遊各國來到了趙國，他聽說了新垣衍勸說趙王尊秦讓其恢復帝號的事情，就自告奮勇地找到了平原君，問道：「我在外面聽說新垣衍要趙王尊秦並同意其恢復帝號，您對這件事有什麼想法嗎？」平原君無可奈何地歎息道：「現在情勢下，我怎麼敢不同意，持有反對意見啊，在長平之戰中，我們損失了四十萬的士兵，那可不是一個小數目啊！現如今秦軍又圍攻邯鄲，大軍壓境，我們也是沒有辦法啊！」他對魯仲連說這些話的意思很明顯，儼然就是打算按照新垣衍的意思辦了。

魯仲連聽完平原君的話，不禁有些鄙夷，「我原本以為您是一個賢人，可是現在我才發現你也沒有什麼與眾不同的地方，讓我去找新垣衍。」於是平原君就把他帶到了新垣衍的居所。魯仲連見到他後，卻站在那裡一句話也不說，新垣衍看見他這樣，不禁覺得有些奇怪：你不是來找我的嗎？怎麼見了我卻一句話也不說呢？於是，他就先開口說道：「來到這裡的人，幾乎都是對平原君有事相求的，但依我看，先生您卻不像是這樣的人，既然如此，您為什麼不趕快離開這是非之地呢？」

魯仲連這才開口回答道：「其實不瞞你說，我這一趟來邯鄲，並不是有事有求於平原君，而是希望能夠幫助趙國去攻打秦國。」新垣

衍聽了很不以為意，這個魯仲連，想以個人的力量來實現幫助趙國攻打秦國，不是異想天開麼！不過他雖然這樣想，表面上卻不露聲色，而是平靜地問道：「既然如此，那你打算通過什麼樣的方法來幫助趙國呢？」

魯仲連鄭重其事地對新垣衍說道：「以我的意思，我會讓燕國和魏國出兵相救，那麼緊接著齊國和楚國自然也會出兵相救。」新垣衍聽了就更丈二和尚摸不著頭腦了，疑惑地說道：「就依先生所言，先生能夠說服燕國出兵救趙，可是我是魏人，先生又打算如何來說動魏國呢？」「這也只是因為魏國並沒有清醒地看到秦國稱帝會帶來的危害，所以才拒絕出兵相救，如果能夠使魏國認識到秦稱帝的危害，那麼魏國必然會出兵相救。」魯仲連自信滿滿地對新垣衍說道。

新垣衍聽得更加糊塗了，滿臉疑惑：這秦國稱帝能夠造成什麼樣的危害啊？魯仲連看出了他的疑惑，就進一步地解釋道：「當初的齊威王廣施仁義，率領天下諸侯去周國朝奉周室，可是最後也只有他一人去了，到了後來周王駕崩，天下諸侯紛紛前往弔唁，唯獨齊威王一人去晚了。周太子大發雷霆，揚言要殺了齊威王，齊威王當時也非常震怒，大罵周室。後來，人們都知道了齊國去朝見周室，並不是出於自己的真心，齊威王在周王活著的時候去朝見，而在周王死後就破口大罵，現在的天子也不過如此。一個稱號對於他來說就有那麼重要嗎？」

魯仲連點到為止，停止了說話，新垣衍的反應也很快，將之前的事都聯繫起來仔細想了一下，就明白了原來這小子是想要他們出兵幫助趙國攻秦，秦國的目的也根本就不是為了一個帝號而來的，他就說道：「先生您難道沒有見過主僕在一起行走的場面嗎？數十個人跟在一人的後面，難道是因為他們打不過主人，還是因為是智慧比不上他？他們這樣做從根本上來說恐怕是因為畏懼主人的緣故吧。」

魯仲連聽著不禁有些生氣，與這傢伙說正事呢，竟然跟我打起比喻來了，於是也就不跟新垣衍打啞謎了，怒斥道：「難道魏國就自比秦國的奴僕，甘心做秦國的奴隸嗎？」新垣衍聽了不以為然，點頭稱是。魯仲連一看這狀況，怒火衝天，大聲喝道：「那我就說服秦王，讓秦王把魏王剁成肉醬，然後再煮了吃掉！」

新垣衍聽魯仲連這樣說也不高興了，不過他還是努力讓自己剋制住了，回答他道：「你怎麼這麼說話。你這樣說話也太過分了，那你就說說你用什麼方法能夠讓秦王殺了魏王？」魯仲連聽他向自己詢問，態度也漸漸緩和了下來，就給他說了很多歷史事件，大意就是那些趨炎附勢，討好昏庸帝王的人大都不會有一個好的下場。魯仲連曉之以理，動之以情，又向新垣衍分析了當今天下形勢，說了目前秦國和魏國的關係，如果幫助秦國稱帝，只會讓魏國陷入更加危險的境地。

新垣衍聽完魯仲連的分析後，對魯仲連佩服得簡直是五體投地，說道：「剛開始見到先生，我還以為先生是個平凡之人，哪知先生是為了天下，我現在就立馬回國勸說魏王，不再提起尊秦稱帝的事情。」

平原君見魯仲連是個人才，就想將他收入自己的帳下，輔佐自己，誰成想魯仲連想都沒想就一口拒絕了，他向來淡泊名利不願入仕，甚至連平原君給他的黃金也分文沒收。

魯仲連的辯才可謂是相當的厲害，憑藉自己的幾句話就讓魏國改變想法，不再尊秦為帝，但是他更厲害的是，他的一封書信就能讓人自殺！

齊國曾經和燕國發生過一場戰爭，結果燕國大勝。田單雖然傾盡自己的全力幫助齊國復國，擴大實力，但是當中不免受到重重的阻力。

在田單復國前，魯仲連曾經幫助田單反擊燕國的進攻。魯仲連當時給燕國的守將寫了一封勸降信，他在信中這樣寫道：「我曾經聽說過，明智的人不會違背時機而放棄有利的行動，勇士不會迴避死亡而埋沒名聲，忠臣不會先顧及自己而後顧及國君。現在你因為自己的一時之念，就不顧之後的燕國還有沒有良臣，這是不忠；滅掉聊城後，卻沒有令齊國感到懼怕，這不是勇；功名敗滅，後世根本就不會有人知道，這是不智。」而後他在信中又寫道：「現在你率領的燕軍處境可以說是「腹背受敵」了，燕國那邊已經連自己都顧不上了，當然不可能再派救兵來協助你們，眼下的情況，只有投降才是你們能夠生存下去的唯一途徑！也許齊國人會大發慈悲地給你們留一條生路，否則你們堅持下去就只有死路一條了！燕將看過這封信後，開始猶豫不決，他想要重新返回到燕國，可是卻怕這樣會被燕王和國民痛恨，說不定還會把自己當成逃兵懦夫而處死。如果按照信中所說投降齊國，自己曾經殺了無數的齊人，齊人怎麼能放得過自己，想必也是活不下去。思前想後，沒有出路，最後他只能悲痛地長歎一聲，「與其死在別人刀下，還不如我自殺！」說完便揮劍自殺了。

燕將一死，城內燕軍群龍無首，軍心渙散，亂作一團，齊軍趁著這個機會殺了進去，奪回了聊城。魯仲連寫的這封信，利害分明，言辭犀利，這根本就不是一封勸降信，倒更像是傳說中的催命符了。

此後，趙國、齊國等諸侯國紛紛想拜魯仲連為相國，並對其封官嘉賞，但魯仲連還是一一推辭，後來隱於東海，過著閒雲野鶴般的生活。

虞卿——合縱抗秦的擁護者

　　虞卿的一生都在極力主張聯合各諸侯國，採用合縱的方式來抗擊秦國，可以說是一位不折不扣的合縱人物。在長平之戰前後，在趙國內部，虞卿主張的合縱派和連橫派展開了一場激烈的爭辯，虞卿最終成功地說服了趙王，讓趙王採納了他的建議。

　　當時，秦國和趙國在長平展開了一場大戰，一開始，趙國就打得非常的吃力，中間還死了一名都尉，這更讓趙國的形勢陷入了不容樂觀的境地。趙王心煩意亂，立馬找來大臣樓昌和虞卿來一同商量接下來的對策。

　　趙王說：「增派兵馬與秦國來個一決雌雄，你們看怎麼樣？」樓昌一聽，馬上就把趙王的這個想法阻攔了下來，勸說道：「大王，這危險性太大了，我看，我們還是籌集重金向秦國求和吧！」

　　虞卿聽了樓昌的話後笑著對他道：「你之所以提出這樣的建議，想要說服大王向秦國求和，是認為如果不向秦國求和，秦國一定會震怒，進一步的發兵消滅趙軍，是嗎？你不覺得這種想法是很可笑的呢？我認為，是否趙國應該與秦國講和的主動權現在握在秦國的手裡，依照大王的看法，您覺得秦國到底想不想滅掉趙軍呢？」

　　趙王還是一心主戰，就說道：「這次不同以往，秦國派出了一支大軍出戰攻打趙國，來勢洶洶，很明顯的目的就是要消滅趙國，他們才甘心啊！」虞卿看趙王已經落在了自己設下的陷阱中，就繼續對趙王說道：「我認為與其重金向秦國求和，還不如用這些重金去結交楚國和魏國，這兩國得到錢財，一定會接納趙國的使臣，如果讓秦國知道此事，他們一定會產生顧忌，延緩進攻，當他們確定了趙國的使臣的確在楚、魏兩國有活動時，秦國就會懷疑趙國在聯合諸侯密謀伐

秦，必定會產生一定的憂慮，這時如果我們再與秦國講和，我們才不
會落入一種被動的情景中。」

　　不得不說虞卿的這個攻心計很好，可是趙王卻偏偏認為這樣非常
的不妥，其中隱藏的風險還是很大的，萬一秦國不停止進攻反而加緊
進攻，那豈不是耽誤了很長時間，延誤了戰機？到時候，恐怕是連都
城都要保不住了吧！於是趙王便派人攜重金去向秦國求和，而秦國也
欣然接受了趙國的使臣鄭朱。這時的趙王顯得很得意，便派人找來虞
卿說道：「你看，我及時地向秦國求和，情況並不像你所說的那樣糟
糕，秦國已經接納鄭朱，並且同意趙國的求和，這是你想不到的吧，
你認為今後的形勢會是怎麼樣的呢？」

　　虞卿這次回答得很乾脆，說道：「大王，恕我直言，我還是堅持
認為此事肯定是不會成功的，而且，趙國的災難馬上就要來臨了，到
時，恐怕天下的諸侯也都會到秦國祝賀的。」接著，他又向趙王分析
了其中的利害關係，「鄭朱是趙國的貴族，他只要一進入到秦國的轄
地，秦王與范雎必定會向天下炫耀這件事，說咱們趙國怕了秦國，向
秦國屈服了，立馬就派人來求和了，等到秦國看清形勢，得知天下諸
侯並不會聯合起來圍秦救趙的時候，就不會像現在這樣與趙國順順利
利地講和了。」趙王還是不相信虞卿的話，就說道：「那你就等著看
吧！」

　　結果，事情的發展果真與虞卿預料的一模一樣，秦國見各國諸侯
都沒有動靜，絲毫沒有援救的意向，就沒有同意趙國的講和請求，反
而是在長平大開殺戒，趙國四十萬被俘士兵通通被活埋。並且繼續加
緊兵力向趙國進軍，順利包圍了邯鄲城。

　　趙王看到事情竟然發展到這種地步，心裡非常害怕，就又繼續派
人去向秦國求和，並且還答應要給秦國六個縣，表示求和的誠心。虞
卿聽說這件事後就再一次地找到趙王，對他說道：「大王，您認為現

在秦軍繼續發兵攻打趙國，難道是因為秦兵還有餘力嗎？如果秦國僅僅是因為您割捨的六個縣就停止了繼續攻打趙國，那麼他是因為大王，還是因為軍士疲倦而歸呢？」

趙王稍作思考，就對虞卿說道：「秦軍攻我，戰事已經持續了很長時間，秦軍不遺餘力，必定是因為疲倦才撤軍的。」這趙王心裡明明知道事情的真相是怎麼回事，就是喜歡揣著明白裝糊塗，虞卿雖然無奈，但還是苦口婆心地對趙王說道：「現在秦軍攻打邯鄲這麼長時間，久攻不下，戰略物資必然供應緊張，軍心騷亂，必然是倦極而歸，可大王你現在卻將秦國費勁全力都得不到的東西拱手送給了別人，這樣做也只能進一步地助長秦軍的囂張氣焰，我們趙國又有多少土地可以這樣被割讓給秦國呢？如果以後秦軍再來攻打我們，我們沒有了求和的資本，大王，這下可就真的沒法求和了。」

趙王聽後覺得虞卿的說法很有道理，也開始猶豫了，知道這樣下去也不是長久之計，但是卻由於生性懦弱，不敢拒絕秦國提出來的任何的要求。他就又找來主張親秦的大臣趙郝來商量這件事。結果當然可想而知了，趙郝極力主張趙國與秦國講和，以求得暫時的安穩。

可是自從上次長平之戰的教訓，趙王被秦國給打怕了，不敢再不經過思考就魯莽地同秦國求和，就再一次地找到了虞卿，並且對他說了這事，讓虞卿幫忙想對策。從這裡我們能夠很明白的看出，這個趙王也是個很沒有主見，很沒有魄力的君王，有些事自己明明清楚，心中也早已經有了立場，但是卻沒有勇氣去將自己的想法付諸行動，堂堂一代君王居然如此懦弱，他所統率的國家又怎麼能夠強盛得起來呢。

虞卿聽完趙王的敘述，就對趙王說道：「如果事情果真像趙郝說的那樣簡單，事情就好辦了，只要大王肯將自己的土地割給秦國，秦國收到割地明年就不會再來攻打我們了，可是他又拿什麼來保證秦國

就會按照他所設想的那樣做呢？他只是一個到秦國出使的大臣，手中並沒有什麼實質性的權利，如果秦軍收了土地，明年還要再來攻打我們，難道我們還要割地麼？我們的土地一天沒有割盡，秦國是一天不會甘休的。趙郝的計策是自盡之術，在這種策略下，趙國的土地只會一點點地被割掉，一點點慢慢地減少，趙王您參考一下韓、魏兩國的情況就知道了。依我看，我們倒不如拿這六個縣的土地去聯合其它的諸侯國一起抗秦，不然，秦國早晚有一天會滅掉趙國的！」

趙郝聽後，就與虞卿展開了異常激烈的辯論，他們公說公有理，婆說婆有理，到了最終也沒有爭下個確切的結論。趙王看兩人僵持不下，兩邊也都各有一定的道理，一下子懵了，也不知道該採用誰的建議。正在趙王一籌莫展的時候，出使秦國的樓緩從秦國歸來，趙王又立馬與樓緩來商談這件事該怎麼辦，最終，樓緩也同意趙郝的意見要割地。事實上，這位樓緩在秦國待了這麼多年，自從先祖趙武靈王死後，他的心早就放棄了趙國而飛到秦國去了。

虞卿一看，趙王馬上就要被趙郝與樓緩說得妥協了，就趕緊對趙王分析了天下形勢，仔細說明白了割地的壞處，然後又說出了自己千思萬想的合縱的計策：從目前的形式來看，其它國家都與秦國有或多或少的仇恨，我們正好可以借著這次機會聯合六國，大家一起團結起來反抗秦軍。趙王其實在心裡一直都傾向於虞卿的建議，只不過就是有些膽怯，還有些猶豫。他思來想去，最終還是果斷地採用了虞卿合縱抗秦的策略，並且派虞卿東見齊王，商量合縱伐秦的一切事宜。就在虞卿出使齊國還沒有回到趙國的時候，秦國就主動地派使者與趙國講和了，樓緩聽了之後，慌慌張張地逃回了秦國。後來，趙王為了感激虞卿對趙國做出的貢獻，特意送給他一座城池。

之後，虞卿因為魏國相國魏齊的緣故，寧願放棄自己奮鬥所得的高官厚祿和相國大位，與魏齊一起從小路逃出了趙國，希望通過信陵

君逃往楚國。但是上天沒有眷顧他們，二人在魏國大樑遭到惡困。魏齊死後，虞卿抑鬱不得志，就開始發憤著書，著有《虞氏春秋》一書流傳於後世。

子貢——能言善辯的政治家

　　子貢的老師是著名的教育家孔子。子貢向孔子學習了很多有關禮儀的知識，在論辯時，有時就連他的老師孔子也不是他的對手。當魯國有難之時，他在緊急時刻被任用，隨即保住了魯國、讓齊國開始動亂、滅掉了吳國。

　　齊國的將軍田常想要奪取齊國的政權，卻因為沒有建立功勳被鮑氏等貴族鎮壓。於是，田常決定通過攻打魯國來建立自己的功勳。

　　本是魯國人的孔子聽聞齊國要攻打魯國，便把門下弟子招來，商議怎樣才能避免這次災禍。想要一試身手的子路等人都被孔子攔了下來，只有子貢請命之時，孔子才應允下來。子貢素來善辯，在孔子的眾多弟子中，無人能與之匹敵。

　　受命後的子貢，隨即便來到齊國，他對田常說道：「聽聞將軍要攻打魯國，我認為非常不妥，如果您真的去攻打魯國，一定會遇到很多麻煩。現在的魯國土地渺小，人口稀少，且城牆低矮，國君由腐敗殘暴，朝中的臣子和將軍也不是能人義士，士兵的作戰能力也極其低下，本身矛盾麻煩眾多，根本就不值得一擊。依在下看來，應該去攻打吳國，吳國有堅硬又高大的城牆，極其廣闊的國土，戰鬥力很強的士兵，所以如果您去攻打吳國會十分有利。」

　　田常聽後，火冒三丈，怒喝道：「簡直是一派胡言！你認為難對付的敵人為什麼在常人眼裡卻全是比較容易戰勝的，而你認為好攻佔的，在別人眼中卻是很棘手的？你分明就是在戲弄我！」子貢聽後微笑道：「請將軍息怒，我來分析一下這其中的利害關係。我聽別人說過，憂在內者攻強國，憂在外者攻弱國，將軍您現在的憂患就是在國內，您曾經向齊國國君三次討要封賞而沒有成功，原因就是有些大臣

以您沒有功勳沒有資格為由從中作梗。即使您現在滅掉魯國也不能憑此被封，只會讓和您同去的幾家貴族被封賞一些土地，讓齊國的國君更加驕傲自大，使您和齊王的關係更加不和。所以我認為您還是去攻打強大的吳國會更好，這樣那些反對您的大臣就會在這場戰役中死去，這樣不是很好嗎？」

田常一聽動了私心，認為子貢的主意十分不錯，但是他又怕有人會對他生疑，本來說好要攻打魯國，現在又要改魯國為吳國。對於田常的疑慮，子貢早已想出對策了，於是他對田常說道：「請將軍放心，我會先說服吳國去出兵救魯，而您先按兵不動，如果我沒能將吳國的救兵搬來，你再進行攻打也不遲啊！」田常聽後，認為此計可行，便將子貢送走了。

離開田常的子貢隨即來到吳國，對吳王說道：「大王，聽聞齊國現在要攻打魯國，你務必要出兵相救，這樣不僅能將您的威信顯現出來，而且還可以使齊國的實力削弱，此乃一舉兩得之舉啊！」吳王馬上被子貢一番話說得心花怒放。此時的吳王正是夫差，本就有此打算的夫差正好趁此機會北上。但是他也擔心越國乘機來攻打吳國，於是對子貢說道：「現在越國的國力日益加強，我很擔心他會趁機攻打我。」

不想耽誤時間的子貢，經過深思熟慮之後，對吳王說道：「我會去勸說越國一起出兵援魯，請大王放心。」之後子貢又立刻飛奔到越國，見到越王之後，馬上對越王說道：「吳國現在準備與齊國開戰，但是因為擔心您會在背後出擊，所以決定要先來滅掉越國。」句踐一聽大驚，如果吳國現在對越國發兵，那這些年的臥薪嚐膽付出的努力不就白費了嗎，於是恭敬地對子貢問道：「我現在該如何是好呢？」

對此子貢早已想好對策，於是說道：「我認為您應該出兵和吳國一起援助魯國，並送吳國一些禮物，使吳國消除對您的懷疑，如果吳

國在這場戰爭中戰敗，這對您來說也是個大好時機，如果吳國勝利了，一定會對晉國出兵。」句踐聽後連連稱是，並將很多寶物賜給了子貢，但子貢都謝絕了。完成勸說任務的子貢馬上快馬加鞭趕回吳國，向吳王說明了情況，說句踐不敢得罪吳國，會派兵一起加入援助魯國的戰役。

五日之後，越國的大夫文種果真帶著許多珍貴的物品和一些精良的武器及鎧甲來到吳國，將寶物獻給吳王之後，文種還說句踐會親自帶兵來助戰。吳王將此事告知子貢，子貢聽後，認為讓句踐親自帶兵作戰非常不妥，吳王聽取他的建議，沒讓句踐親自帶兵前來，只收下了越國的禮物和一些士兵。

吳王見後方的危機解除，便開始出兵救魯，得到消息的田常，馬上出動軍隊表面上要攻打魯國，等待吳國軍隊的到來。子貢卻在此時跑到晉國，對晉國的國君說道：「現在吳國和齊國大戰，吳國有很大的勝算，憑藉夫差的為人，如果他將齊國戰勝，一定會對貴國發動戰爭，所以我希望您能早點做好戰鬥的準備。」晉國國君知道此事非同小可，於是謹慎地問道：「如果真的像先生說的那樣，我又該如何是好呢？」子貢說道：「您應該休整部隊，以逸待勞，為這場戰爭做好充分的準備，就不怕吳國來攻打了，而且吳國已與齊國一戰必不敵貴國。」

吳國和齊國在艾陵進行大戰，結果齊軍大敗，損失慘重，夫差借勢向西攻打晉國，在黃池與晉軍相遇，為了爭奪霸主之位，雙方展開了激烈的交戰。雖吳國的國力佔有優勢，但晉國這次也沒有讓吳國占到便宜，他們將吳軍的主力拖住，句踐此時乘機發兵，攻打吳國的都城，夫差只好回救。三年之後，越國將吳國滅掉。

經過子貢的一番調解，讓春秋時期的局勢完全更改，雖然他的出發點只是想要救魯國，但是事情發展起來就很難控制，最後引發了春

秋時期各國局勢的變化。不過由此可以看出，自貢還是很有才能之人，憑藉一己之力不但化解了魯國的危機，還影響了當時的局勢。辯才之稱非子貢莫屬。

范雎——助秦稱霸的謀略家

范雎本為魏國人，後來，因禍進入秦國，被秦昭王重用，幫助秦國在統一戰爭中掃平了諸多障礙，為秦國一統天下的偉業立下了汗馬功勞。

在燕國的大將樂毅率領五國的軍隊討伐齊國之後，因為田單出色的指揮，讓齊國恢復原貌。魏國因為擔心齊國對魏進行報復，所以派人出使齊國，希望能與齊國重修舊好。

魏王此次派出的使者是須賈，須賈帶著自己的門客前去說齊，這些門客之中就包括范雎。范雎高興地隨須賈而去，想要讓自己的才華得到展露，讓須賈可以推薦或重用自己，誰知，差點因為此次出使而丟了性命。

來到齊國的須賈等人，帶著很多金銀珠寶去拜見齊襄王，怎奈齊襄王一見到他們就毫不客氣地說道：「當年中國的先王與魏國一起攻打宋國的時候，兩國的關係甚好，但是這種友好的關係沒維持多久，你們就跟燕國合謀來攻打我們，差點讓中國滅亡。想到先王被你們這些猶如強盜一樣的人殺害的情景，我就很是氣憤，現在你們又開始想要用花言巧語來愚弄我，更是可恨。我是不會相信你們這些反覆無常之人的！」

須賈被說得無反駁之力，正在他為此犯愁之際，范雎在一邊說道：「大王，話不能如此說呀，之前我們奉了周天子之命攻打宋國，大家本來說好瓜分宋國，但是齊國卻違背當初的諾言，將宋國獨吞。除此之外，齊國強大之後，還不斷的對其它諸侯國進行攻佔，因此這些諸侯國才聯合起來一起攻打齊國，況且我們魏國還因念著舊情沒有跟隨燕國軍隊一起對齊國的都城臨淄發起進攻，以表中國對齊國的尊

重。現在大王你應該拋開前面與我們的過節，像先祖齊桓公與齊威王那樣英明地治理國家，一定能讓齊國重新強大昌盛起來。中國為了齊國才打算與齊國重修舊好，但是大王不僅不高興，反而將我們說成是反覆無常的小人。以我之見，大王恐怕要重蹈齊桓王的覆轍！」聽完范雎這番不卑不亢之言後，齊襄王開始對魏國另眼相看，隨後說道：「看來是我錯怪你們了！」須賈終於在虛驚一場之後，成功地完成了使命。

齊襄王由此對范雎很是賞識，希望能夠將他招到自己的手中，被自己所用，於是就暗中打聽范雎此人，在得知范雎只是須賈的一名門客之後，就派人暗中規勸，希望能將范雎留在齊國。范雎謝絕齊襄王的要求，他說道：「我本是魏國人，和魏國的使臣奉命一起出使貴國，如果留在貴國豈不是沒有信用可言，一旦被他人知道此事，我又如何做人呢？」

齊王聽到范雎的話後，對他更加敬重，於是將黃金和酒肉賜給他，范雎拒絕接受齊王的賞賜，但最後推辭不過，只好將酒肉收下，黃金退回。

得知此事的須賈，對此非常嫉妒，他回國之後，馬上到魏國的宰相魏齊那裡，以范雎暗通齊國為由對他進行誣陷。魏齊聽後大怒，將范雎抓起來，進行嚴刑拷打，想要屈打成招。但是范雎本是硬骨頭，經過幾番嚴刑逼供之後，范雎始終都沒有招供。後來他因為裝死才得以保全性命。被當成死屍的范雎，被士兵用席子卷住，丟進了廁所之中。

清醒後的范雎以重金為謝禮請求守衛幫他逃出魏國，守衛答應下來，隨後稟報魏齊已將死人處理，范雎這才得以幸免。後來得知范雎未死消息的魏齊，開始到處搜捕范雎。范雎在好友鄭安平的幫助下，得以逃脫，並改名為張祿。

　　不久之後，秦王派出王稽來出使魏國，鄭安平裝扮成一個士卒，跟在王稽身邊，待王稽要走之時，向王稽說明了范雎的事情，並尋找機會讓王稽和范雎會面。見到范雎的王稽認為，范雎是一個不可多得的人才，與他相談甚歡，於是決定將他帶回到秦國去。

　　王稽將范雎藏到自己的車隊之中，蒙混逃出魏國，到達秦國之後，巧遇穰侯，范雎說道：「我聽說現在是穰侯把持著秦國大權，討厭外國的賓客，如果讓他見到我，恐怕事情會不妙。」於是，他躲到了馬車之中。

　　果然，穰侯上前對王稽進行了一番詢問，被王稽遮掩過去，范雎出來之後馬上又裝扮成了一個隨從，眾人對此大為不解。他解釋道：「我聽聞穰侯此人多有疑心且記性不佳，他待會一定還會派人來搜查的。」不出所料，剛前行幾步，穰侯果真又派人來巡查，見車中無生人，才就此甘休。由於范雎的謹慎行事，他才避免遇難。

　　王稽回國之後，馬上向秦王稟報了此次出使的情況，並將范雎推薦給了秦王，說他是個有才能的人，但是秦王卻對范雎興趣不大，並不著急的范雎開始等待時機。

　　西元前二七○年，秦王派魏冉率領大軍攻打齊國，范雎看到時機成熟，便寫了長長的一封信給秦王。秦王看到這封誠懇且很有才華的信之後，立刻派人將范雎叫來。范雎入宮之後，故意左轉右轉，拖延時間。就在范雎拖延時間時，秦王向他走來，身旁的人催促他說：「大王來了，快點走啊！」怎奈范雎故意裝糊塗說道：「秦國哪裡有王啊？我看只有太后與穰侯罷了！」秦昭王聽到他這番大膽之言後，對范雎說道：「先生所言極是，早前由於我年輕，不能獨理朝政，如今我能自己做主了！」

　　秦昭王如此謙和的態度，使范雎受寵若驚，於是對秦昭王更加信任的范雎將自己的想法告知了秦昭王。他先說了以前齊、楚兩國互相

攻打皆得不到好處。昭王對此不明所以，於是范雎繼續說道：「魏國一向不講誠信，我們不用與他們講情面，若魏國不能侍奉齊國，我們就對他們進行收買，如果依然不行，我們就出兵攻打他！對於秦國附近的諸國，我們出兵攻打，一旦勝利就可以得到土地，即使攻打失敗，他們也沒有能力攻打秦國，而對於比較偏遠的國家，我們應該和他們結盟，讓他們攻打我們附近的國家，這樣就可以事半功倍，逐步擴大我們的實力。」

秦昭王聽到此番言論之後，對范雎大為讚賞，決定對他進行重用，同時太后和穰侯掌權的時代也宣告結束，後封范雎為相國。

范雎任初相國時，須賈曾被派出使秦國，范雎聽聞之後，穿上破爛的衣服假扮成乞丐，並假裝與須賈巧遇，須賈大吃一驚，隨即想到范雎沒死，覺得自己對不起他，於是請范雎到飯店中大吃一頓，並送給范雎一件綈袍，此舉讓范雎很感動。後來，須賈來到朝中，才發現秦國的相國張祿就是范雎，他連忙向范雎賠罪，范雎感念綈袍的情義，沒有殺他。這也就是後來的「綈袍之義」。

范雎被封為相國之後，秦國加緊了對外作戰，為秦國贏得了不少好處，不過他晚年的時候因為推薦人才不當，惹了大禍。秦昭王念他功勞卓越，沒有對他深究，范雎自知此事還會再起波瀾，便急流勇退了。

參考文獻

王宇品　讀春秋戰國　北京市　海潮出版社　2007年

龔書鐸、劉德麟　春秋戰國（圖說天下）　長春市　吉林出版社　2006年

阿　龍　隨身讀歷史：春秋　北京市　華夏出版社　2011年

周淑舫　圖說春秋五霸　長春市　吉林人民出版社　2010年

童　超　春秋爭霸　昆明市　雲南教育出版社　2010年

王貴民　中國歷史大講堂：春秋史話　北京市　中國國際廣播出版社　2007年

任　知　話說中國歷史──春秋戰國　北京市　北京燕山出版社　2011年

張宇龍　話說春秋戰國那時候兒　北京市　中國紡織出版社　2012年

昌明文庫・悅讀人物　A0603011

細說春秋戰國風雲人物

編　　著	宋璐璐
責任編輯	蔡雅如
發 行 人	陳滿銘
總 經 理	梁錦興
總 編 輯	陳滿銘
副總編輯	張晏瑞
編 輯 所	萬卷樓圖書股份有限公司
排　　版	百思威信息技術有限公司
印　　刷	百通科技股份有限公司
封面設計	曾詠霓

出　　版　昌明文化有限公司

桃園市龜山區中原街 32 號

電話 (02)23216565

發　　行　萬卷樓圖書股份有限公司

臺北市羅斯福路二段 41 號 6 樓之 3

電話 (02)23216565

傳真 (02)23218698

電郵 SERVICE@WANJUAN.COM.TW

大陸經銷

廈門外圖臺灣書店有限公司

電郵 JKB188@188.COM

ISBN 978-986-93560-4-6

2016 年 9 月初版

定價：新臺幣 380 元

如何購買本書：

1. 劃撥購書，請透過以下郵政劃撥帳號：

帳號：15624015

戶名：萬卷樓圖書股份有限公司

2. 轉帳購書，請透過以下帳戶

合作金庫銀行　古亭分行

戶名：萬卷樓圖書股份有限公司

帳號：0877717092596

3. 網路購書，請透過萬卷樓網站

網址 WWW.WANJUAN.COM.TW

大量購書，請直接聯繫我們，將有專人為您

服務。客服：(02)23216565 分機 10

如有缺頁、破損或裝訂錯誤，請寄回更換

版權所有・翻印必究

Copyright©2016 by WanJuanLou Books CO., Ltd.

All Right Reserved　　　　Printed in Taiwan

國家圖書館出版品預行編目資料

細說春秋戰國風雲人物 / 宋璐璐編著. -- 初
版. -- 桃園市：昌明文化出版；臺北市：萬
卷樓發行, 2016.09
　　面；　　公分. -- (昌明文庫.悅讀人物)
ISBN 978-986-93560-4-6(平裝)
1.傳記　2.春秋戰國時代
782.117　　　　　　　　　　　　105018316

本著作物經廈門墨客知識產權代理有限公司代理，由中國紡織出版社授權萬卷樓圖書
股份有限公司出版、發行中文繁體字版版權。